KB203373

혜담 스님의 **반야심경**

혜담 스님의 반야심경

| 저 언덕을 넘어 지혜의 바다로 |

불교시대사

머리말

○

　대승불교권의 불자들 중에서 《반야심경》을 직·간접적으로 접해 보지 않은 사람은 없을 것이다. 또한 불자가 아니라고 해도 인생에 대하여 조금 깊이 생각하면서 그것에 관한 서적을 찾아본 사람이라면 《반야심경》에서 설하고 있는 '색즉시공 공즉시색' 이라는 말을 한번쯤은 들었을 것이다. 그만큼 《반야심경》은 우리나라뿐만 아니라 불교권의 모든 나라에서 가장 널리 알려져 있는 경전이다. 그러다 보니 이 경전에 대한 해설서는 다른 어떤 경전보다 다양하고 많이 보급되어 있다. 아마 현재 우리나라에서도 수십 종의 강의서 및 해설서가 출판되어 있을 것이다.

　그렇다면 이렇게 본 경전이 중요시되는 이유는 무엇인가? 물론 260자라는 짧은 경전이면서도 불교의 근본 내용을 전부 담고 있다는 특징을 들 수도 있을 것이다. 그러나 그것 못지 않게 중요한 것은 이 경전이 우리들에게 온갖 것을 해결할 수 있는 진리를 담고 있기 때문이다. 돌이켜보면 근래에 우리 사회에서 벌어진 여러 사건들은 전대 미문의 것들뿐이었다. 《반야심경》은 바로 이러한 여러 인간사를 해결할 수 있는 열쇠를 우리들에게 주고 있는 것이다.

이러한 사실들은 《반야심경》이 성립되는 과정을 살펴보면 확연히 드러난다. 본 경전이 속해 있는 일련의 경전들을 통칭 '반야경'이라고 부르는데, 이 '반야경'이야말로 대승경전 중에서 가장 먼저 성립된 것이다. 불교사(佛敎史)의 입장에서 볼 때 '반야경'이 성립될 당시의 인도불교는 소위 '대승불교운동'이라고 하는 새로운 불교사상이 일어나서 변혁의 국면을 맞고 있던 시기였다. 물론 불교가 대승이라는 이름으로 새롭게 변모되어 가는 데는 여러 가지 요인이 있었겠지만, 무엇보다도 대승불교 이전에 고정화되어 있었던 부파불교 소위 소승불교의 교의(敎義)와 수습(修習)이 일반 대중의 신앙과 동떨어진 전문적인 것이 되었고, 또 출가 후에 승원(僧院)에서 집단 생활을 하고 있던 승려들이 사실상 일반 신도들의 구제에 대해서는 무관심한 경향이 농후했다는 것도 하나의 중요한 원인이었다.

대승불교는 이렇게 소승교단이 부처님의 근본정신인 '일체 중생의 구제'를 망각하고 있다는 것을 전제로 해서 소승교단이 안고 있는 여러 모순을 지적하면서 '부처님의 근본정신으로 돌아가자'라고 하는 새로운 불교운동에서 비롯되었고, 이러한 새로운 불교운동의 선구적인 경전이 '반야경'인 것이다. 다시 말해서 일체 중생의 구제라는 깃발을 앞세운 대승불교는 '반야경'의 성립과 함께 그 걸음마를 시작했고, 이 '반야경'의 핵심이 바로 《반야심경》인 것이다.

이렇게 《반야심경》은 우리들 중생의 문제를 해결하는 열쇠로서 우리들 개개인 앞에 놓여 있다. 그런데도 우리들 주변에서는 자주 이점을 간과하고 《반야심경》을 논하는 사람들을 보게 된다. 《대품반야경》에서는, "선남자·선여인이 반야바라밀을 염송하면, 독약냄새를 맡게 해도, 혹은 사악한 요술을 사용해도, 혹은 불구덩이에 떨어뜨려도, 혹은 물속에 빠뜨려도, 혹은 칼로 죽이려 해도, 혹은 독약을 먹여도 이와 같은 온갖 나쁜 것들이 다치게 할 수 없다. 왜냐하면 반야바라밀은 크게 밝은 주문[大明呪]이고 위없이 밝은 주문[無上明呪]이기 때문이다."라고 설하고 있다.

이러한 제반 문제를 염두에 두고 본서에서는 기왕의 해설서에서 등한시했던 '반야신앙'을 통한 인간고(人間苦)의 해결에 중점을 두고 서술하고자 한다. 물론 천학비재한 소납(小衲)이 이 과제를 잘 담당할 수 있을지 심히 걱정됨을 고백하지 않을 수 없다. 다만 독자제현의 지도편달에 힘을 얻고자 한다.

마하반야바라밀.

불기 2555년 6월

검단산 각화사(覺華寺) 목우실에서

혜담지상(慧潭至常) 합장

차례

제1장
반야심경의 개관

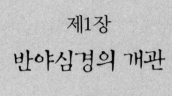

1

반야심경의 불교사상사적 위치

불교를 사상사적인 입장에서 시대를 나눌 때, 대개는 근본불교(根本佛敎) · 부파불교(部派佛敎) · 대승불교(大乘佛敎)의 셋으로 구분하고 있다. 이러한 입장은 한마디로 불교라고 해도, 부처님의 근본교설에 입각한 그 시대마다의 독특한 사상이 있었음을 말해 주고 있다.

지금부터 논하고자 하는 《반야심경》은 대승불교의 독특한 사상을 전하고 있는 중요한 경전 중의 하나이다. 그렇다고 해서 《반야심경》이 수많은 대승경전 가운데 그저 한 가지 경에 불과하다는 말은 아니다. 왜냐하면 《반야심경》은 260자라는 짧은 경문이지만, 그 내용은 대승불교의 근본사상을 남김없이 담고 있기 때문이다.

《반야심경》을 포함하고 있는 일련의 경전들을 보통 '반야경' 이라 부른다. 학자들은 이 반야경을 ① 근본 반야경전, ② 잡부 반야경전, ③ 기타 반야경전으로 구분하고 있다. 첫 번째의 근본 반야경전에 속하는 것으로 600부 《대반야경》 · 《대품반야경》 · 《소품반야경》이 있고, 두 번째의 잡부 반야경전에 속하는 것으로 《금강경》이나 지금 논하고자 하는 《반야심경》 등이 있다. 그러다 보니 반야경의 양은 엄청나게 많아서 현재 남아 있는 대승경전의 거의 3분의 1을 차지하고 있다. 그러나 반야경이 대승불교에서 가장 중요하다고 하는 까닭이 양적으로 많기 때문만은 아니다. 그것은 반야경이 가지는 대승불교의 선구적인 역할이다. 즉 수많은 대승경전 중에서 가장 먼저 성립된 경전이 바로 '반야'라는 이름을 가진 경이고, 이 반야경이 성립되어 문자화된 것은 대승불교의 발생과 거의 같은 시기인 서력 기원 전후라는 사실이다.

여기서 우리들은 그 많은 반야경 가운데 어느 경전이 가장 먼저 성립되었는가 하는 것을 고찰할 여유는 없다. 중요한 것은 '대승'이라는 말이 반야경에서 처음으로 나타나는 것을 비롯하여 대승불교의 모든 사상을 이 경전들이 담고 있다는 사실이다. 실제로 《유마경》은 반야경의 중심 사상을 드라마 형식으로 전개한 것이고, 《법화경》이나 《화엄경》도 각각 특색 있는 구성을 하고 있지만, 사상적으로 말하면 반야경에 나타나는 여러 사상 가운데 몇 가지에 역점을 두어 보다 발전시킨 것이라고 할 수 있다. 심지어 반야경과는 전혀 이질적이라고 생각할 수 있는 정토경전까지도 반야경의 보살사상을 토대로 해서 비로소 전개할 수 있었던 것이다.

《반야심경》은 이렇게 양적으로 방대하고 질적으로 대승불교의 전 사상을 내포하고 있는 반야경의 내용 중 가장 핵심만을 설한 것이다.

2

반야심경의 종류

　현재 우리나라 불교에서 가장 널리, 어쩌면 유일하게 독송되는《반야심경》은 당나라 때 현장(玄奘)이 번역한 것이다. 그러나 다른 여타 경전이 그러하듯이《반야심경》도 여러 종류의 번역본이 있다. 물론 현재 남아 있는 산스크리트 본(本)이《프라즈냐 파라미타 흐리다야 수트라(Prajñā-pāramitā-hṛdaya-sūtra)》라는 이름으로 있기는 하지만, 내용상 다소 차이가 있는 것 등을 합하여 다음과 같은 한역(漢譯)이 있다.

　① 마하반야바라밀대명주경(摩訶般若波羅蜜大明呪經):구마라습(鳩摩羅什, 402~413) 역

　② 반야바라밀다심경(般若波羅蜜多心經):현장(玄奘, 649) 역

　③ 보변지장반야바라밀다심경(普遍智藏般若波羅蜜多心經):법월(法月, 737) 중역

④ 반야바라밀다심경(般若波羅蜜多心經): 반야 · 이언(般若 · 利言, 790)
   공역

⑤ 반야바라밀다심경(般若波羅蜜多心經): 지혜륜(智慧輪, 859) 역

⑥ 반야바라밀다심경(般若波羅蜜多心經): 법성(法成, 847~859) 역

⑦ 불설성불모반야바라밀다경(佛說聖佛母般若波羅蜜多經): 시호(施護,
   982) 역

3

광본 반야심경과 약본 반야심경

한 차례의 연설이나 한 편의 논문도 서론과 본론과 결론으로 되어 있다. 이러한 언어 습관은 자신의 의사를 가장 정확하게 전달하는 방법을 모색하는 가운데 자연스럽게 만들어진 형태라고 할 수 있다. 인류가 이러한 언어 습관을 언제부터 갖추게 되었는지에 관해서는 별도의 연구가 필요하겠지만, 불교 경전에 입각해서 살펴보면 부처님 당시부터 이미 그것이 정형화되어 있음을 알 수 있다. 즉 경전에는 으레 그 경이 생긴 동기와 본론 그리고 경을 맺는 결론의 서술이 있게 마련이다. 고래로 주석가들은 이것을 서분(序分) · 정종분(正宗分) · 유통분(流通分)이라고 이름했다.

또한 경에는 육성취(六成就)가 갖추어져 있게 마련이다. 육성취란 경전의 서분이 갖추고 있어야 할 여섯 가지 조건을 말하는 것으로 부처님의 말씀에 대한 믿음을 확고히 하는 단서가 된다. 즉 모든 경전은 "이와 같이 내가 들었다"는 말을 시작으로 해서 '어느 때'에 '부처님'이 '어느 곳'에 '누구'와 함께 계셨다는 것을 명시하고 있다. 이것을 신성취(信成就) · 문성취(聞成就) · 시성취(時成就) · 주성취(主成就) · 처성취(處成就) · 중성취(衆成就)라 한다.

그런데 현재 우리들이 독송하고 있는 《반야심경》에는 지금 지적한 몇 가지 사항들이 없다. 주지하는 바와 같이 《반야심경》은 "관자재보살이 깊은 반야바라밀다를 행할 때에"라는 경문으로 시작해서 "아제 아제 바라아제 바라승아제 모지 사바하"라는 주문으로 끝을 맺고 있다. 거기에는 육성취가 갖추어져 있어야 할 서분도 없고, 경전의 결론에 해당하는 유통분도 빠져 있다. 오직 경전의 본론에 해당하는 정종분이 있을 뿐이다.

그렇다고 해서 놀라워할 필요는 없다. 왜냐하면 현재 한문으로 번역되어 있는 《반야심경》에는 광본(廣本)과 약본(略本) 두 종류가 있고, 현재 우리들이 독송하는 현장(玄奘) 역은 서분과 유통분이 생략된 약본이기 때문이다. 앞에서 우리들은 《반야심경》의 한역본에 일곱 종류가 있음을 살펴보았다. 이 가운데 지금 말한 현장 역의 《반야바라밀다심경》과 최초의 번역인 구마라습의 《마하반야바라밀대명주경》은 약본이고 나머지 다섯 종류는 광본이다. 따라서 위의 두 약본 《반야심경》에는 서분과 유통분이 생략되어 있지만, 나머지 다섯 종류에서는 경이 갖추고 있어야 할 서분과 정종분, 그리고 유통분이 보인다.

여기서 우리들은 부득이 약본 《반야심경》이 생략하고 있는 서분, 즉 이 경을 설하게 된 경위를 밝히고 경전이 가지는 뜻을 보다 명료하게 이해하기 위하여 광본 경을 우선 살펴보지 않을 수 없다. 이와 관련해서 한 가지 덧붙이고 싶은 것은 광본에도 여러 종류가 있기 때문에 그 선택에 차이가 있을 수 있지만, 정종분이 현재 우리들이 독송하고 있는 현장 역과 거의 차이가 없는 것으로 반야(般若)와 이언(利言)이 같이 번역한 반야바라밀다심경을 통하여 이 점을 어느 정도 해결할 수 있다는 것이다. 강의의 내용상 서분에 해당하는 부분만 살펴보고 전문은 다음 기회로 미루기로 하자.

　　이와 같이 내가 들었다. 한때 부처님께서 왕사성 기사굴산 중에 계실 때 여러 대비구와 많은 보살들과 함께 하셨다. 그때 세존이신 부처님께서 광대심심삼매(廣大甚深三昧)에 드셨다. 이때 대중 가운데 한 보살마하살이 계셨으니 이름을 관자재라 하였고, 깊은 반야바라밀다를 행할 때에 다섯 가지 쌓임[五蘊]이 다 공(空)하였음을 비추어 보고 모든 고액을 여의었다. 그때에 사리불이 부처님의 위신력을 입어 합장공경하고 관자재보살에게 사루어 말씀드렸다.
　　"선남자시여, 만약 심히 깊은 반야바라밀다행을 배우고자 하면 어떻게 수행해야 합니까?"
　　이렇게 묻자 그때에 관자재보살마하살이 구수 사리불에게 말씀하셨다.

제2장
경제(經題)의 의미

1

마하(摩訶)

(1) 유포본 반야심경의 마하

한 경전이 어떠한 내용을 담고 있는지를 알기 위해서 우선 할 수 있는 것으로 그 경전의 이름을 해석해 보는 방법이 있다. 왜냐하면 경의 이름이야말로 그 경전의 내용을 가장 포괄적으로 담고 있기 때문이다. 이 까닭에 경전을 해설하는 이들은 경의 이름을 해석하여 그 경전의 중심 사상을 우선 알려 주게 마련이다. 우리들도 이러한 관례에 따라 먼저 경의 이름을 통하여《반야심경》의 대의(大義)를 살펴보자.

우리 한국불교에서 일상적으로 수지 · 독송하고 있는《반야심경》은 현장 삼장이 한역(漢譯)한 것이다. 따라서 필자가 본서에서 모본(母本)으로 택하고 있는《반야심경》도 바로 이 현장 역임은 말할 필요도 없다.

《반야심경》의 갖추어진 이름은 '마하반야바라밀다심경'이다. 따라서 이 경의 의미를 우선 마하, 반야, 바라밀다, 심, 경의 하나하나를 살펴봄으로써 파악할 수 있다. 그런데 여기서 문제가 되는 것은 우리들이 앞에서 이미 살펴본 것처럼, 현장 역《반야심경》은 그 이름이 '반야바라밀다심경' 이었다. 그런데도 불구하고 우리들은—아니 중국과 일본불교를 포함해서—현장 역《반야심경》을 독송하면서 경 이름을 '마하반야바라밀다심경' 이라 하고 있다. 물론 극히 예외이긴 하지만 해인사의 조석예불에 참여해 본 경험이 있는 불자라면 그곳에서는 '마하' 라는 두 자를 넣지 않고 그냥 '반야바라밀다심경' 이라 하고 있음을 들었을 것이다.

다시 말하면 우리들은 일상적으로 원래는 존재하지 않는 경 이름으로《반야심경》을 독송하고 있는 것이다. 이것은 앞에서 살펴본 7종의 한역된《반야심경》의 이름들을 눈여겨보면 자명해진다. 또한 산스크리트 본인《프라즈냐 파라미타 흐리다야 수트라(Prajñā-pāramitā-hṛdaya-sūtra)》에서도 '마하' 라는 말은 없다.

그렇다면 왜 우리들은 존재하지 않는 경명(經名)으로《반야심경》을 독송하게 되었을까? 추측컨대 그것은 현장 역《반야바라밀다심경》을 유포하면서 '마하' 라는 수식어를 첨가한 것이 아닌가 한다. 주지하는 바와 같이 최초로 한역된《반야심경》의 이름은 구마라습의《마하반야바라밀대명주경》이다. 현장 역《반야심경》에 바로 이 구마라습 역의《반야심경》이름에서 '마하' 라는 두 글자를 빌어 와 첨가한 것이 '마하반야바라밀다심경' 이고, 이것이 유포본으로 오늘날까지 전승되어 왔다고 볼 수 있다.

그렇다고 해서 현장 역《반야심경》을 독송하면서 '마하반야바라밀다심경' 이라 하는 것이 신행적으로 잘못되었다는 말은 아니다. 학문적으로 구태여 구별하자면《마하반야바라밀대명주경》이 있고, 《반야바라밀다심경》이 엄연히 따로 존재하지만, 신행인의 입장에서 보면 이것은 전혀 문제될 성질이 아니다. 왜냐하면 반야바라밀이 본래 마하이고, 우리들이《반야심경》을 수지·독송함이 마하인 반야바라밀을 체득하기 위한 것이기 때문이다.

(2) 마하의 뜻

앞에서 필자는 반야바라밀이 본래 마하라고 정의했다. 그렇다면 마하란 무엇인가? 우선《대지도론》권18에서 설하고 있는 다음의 해석을 보자.

묻기를, "무엇 때문에 오직 반야바라밀을 칭해서 마하(摩訶)라 하고, 다섯 가지 바라밀[五波羅蜜]을 마하라고 칭하지 않는가?"

대답하기를, "마하라는 것은 중국[秦] 말로 대(大)라고 말하고, 반야를 혜(慧)라고 말하며, 바라밀을 도피안(到彼岸)이라고 말한다. 능히 끝없는 지혜의 피안에 도달케 하고 일체 지혜의 품 속에 안기게 해서, 그것을 능가하는 것이 없기 때문에 도피안이라 이름한다."

여기에서 우리들은 마하와 다음 절에서 설명할 반야바라밀다가 한

문으로 번역되어 있음을 발견하게 된다. 그러나 중국인 혹은 인도인 역경사(譯經師)는 반야경에 한해서만은 산스크리트 어인 경제(經題)의 번역에 즈음하여 이것을 음사하고 있을 뿐 감히 의역(意譯)하지 않았다. 무슨 까닭에 다른 대다수의 대승경전들은 경 제목을 의역으로 번역하였는데, 유독 반야경만은 경 제목을 음사했는가? 그것은 필시 의역으로 일어날 수도 있는 반야바라밀이 가지는 원래의 뜻과 어긋나는 것을 두려워했기 때문일 것이다.

이렇게 역경사들이 의역을 두려워할 만큼 산스크리트 어 마하(mahā)는 깊은 의미를 가지고 있다. 지금 《대지도론》에서는 마하를 대(大)라 번역하고 있지만, 이외에도 광대함, 위대함 등의 여러 뜻을 가지고 있다. 그러나 마하라는 단어는 이렇게 언어로 한정할 수 있는 것이 아니다. 그렇기 때문에 마하는 언제나 마하로 음역된다. 왜냐하면 우리들이 사용하는 언어는 언제나 상대개념이기 때문이다. 가령 어떤 것이 크다든가 혹은 위대하다고 할 경우에 그것은 상대적일 수밖에 없다. 자기가 연상하고 있는 것보다 큰 것을 크다고 하고 그렇지 못할 때는 작다고 하는 것이 우리들의 사고이고, 위대하다고 할 경우에도 마찬가지 현상이 벌어진다.

마하는 이러한 상대개념을 초월한 절대적인 큼이요 위대함이다. 결코 어떤 것과도 비교될 수 없는 큼이요 위대함이다. 그래서 마하는 언어 이전의 소식을 말해준다. 이것이 또한 반야바라밀다인 까닭에 마하반야바라밀다이다.

2

반야(般若)

(1) 반야의 뜻

다음으로 반야를 살펴보자. 반야는 산스크리트 어 '프라즈냐 (Prajñā)'의 음역어로서 '지혜'라고 의역(意譯)하고, 팔리 어로는 '판 냐(paññā)'이다. 프라즈냐는 '알다'라는 의미의 동사 즈냐(jñā)에 접 두사 프라(pra)를 붙인 문자이다. 또한 이 말은 '파자나티(pajānāti:널 리 알다, 깨닫다)'라는 동사형으로도 일반적으로 사용하고 있다. 그러 나 불교에서는 원시불교에서부터 이미 이 말에 불교 나름의 의미를 부여해서 '최고의 지혜' '깨달음의 지혜', 즉 부처님의 깨달음의 지 혜를 나타내는 것으로 사용하였다. 동시에 제자들도 이 반야를 얻어 야 한다고 설하고 있다.

더욱이 대승불교에 이르러서는 대승불교 특유의 내용을 좀 더 가 미하여 불교사상 전체를 종합하는 기본 개념을 나타내는 말로서 취급하였다. 즉 반야는 불교에서 말하는 깨달음의 지혜를 표현하는 말로 사용되었다.

(2) 반야지(般若智)의 의미

위에서 반야라는 말에 '최고의 지혜' 혹은 '깨달음의 지혜' 라는 해석을 했다. 그러나 지혜라는 말은 사실 광범위하게 사용되고 있다. 때문에 우리들은 일상생활에서도 자주 지혜롭다는 말을 즐겨 사용한다. 이렇게 일상적으로 사용하는 지혜라는 말과 구별하기 위해서 불교에서는 반야가 의미하는 지혜를 '반야지(般若智)' 라고 부르기도 한다. 그렇다면 반야지란 무엇인가?

우리들의 마음 가운데는 자아(自我)나 밖의 사물에 대한 집착 · 탐욕 · 성냄 · 질투 · 교만심 · 거짓 등의 번뇌가 있다. 이러한 번뇌가 바른 지혜의 활동을 방해하고, 이러한 번뇌가 있는 한 반야의 작용은 충분히 발휘되지 않는다. 이러한 까닭에 번뇌의 힘을 약화시키고, 마침내는 없애기 위한 노력이 수행이다. 때문에 수행의 실천은 반야와 하나로 결합되어 있고, 이렇게 수행력에 근거한 지혜가 있을 때 비로소 반야지가 되는 것이다.

반야지란 이처럼 심원한 지혜이다. 그러나 우리 모두는 태어나면서부터 어느 정도 이 지혜를 갖추고 있다. 비록 사실을 깨닫는 것이 반야지이긴 하지만, 그 지혜는 우리들에게 태어나면서부터 이미 갖추어져 있는 것이고, 말을 알지 못하는 어린아이에게도 갖추어져 있다. 이런 의미에서 보면 오히려 마음의 본성이 반야지라고 해도 좋을 것이다. 왜냐하면 반야지란 있는 그대로〔如實〕 사물을 안다〔知〕는 것이기 때문이다. 때문에 이것을 '본다〔見〕'라고도 말한다. 여기에서 우리들은 '안다'는 것과 '본다'는 것의 차이를 발견하게 된다. 즉 '안다'라고 하는 마음의 작용에는 주관(主觀)의 행위가 들어오기 쉽다. 어떤 행위가 들어오면 이해가 비틀어지게 되어서 올바른 이해가 되지 못하는 수가 있다. 이것에 반해서 '본다'라고 하는 것은 거울에 사물이 비친 것처럼, 행위가 들어올 여지가 없어져서 사물을 있는 그대로 아는 점이 강하다. 때문에 반야를 '여실지견(如實知見)'이라고도 말한다.

한 가지 예를 들어보자. 가령 여기에 한 부인이 있다고 하자. 남편의 입장에서 보면 그 부인은 여보라고 부르는 사랑스런 사람임에 틀림이 없을 것이고, 시어머니의 입장에서 보면 며느리라고 부르는 다소 경쟁 상태의 때로는 미움의 대상인 사람일 수도 있다. 그러나 파출부의 입장에서 보면 여느 주인과 다름없는 주인아주머니에 불과할 것이다. 한 부인을 두고 왜 이렇게 상대에 따라서 그 호칭이 달라지고 그 사람에 대한 감정이 달라지는가? 그것은 각자가 그 부인을 있는 그대로 보지 못하고 여러 가지 관습이라든가 자기 감정을 거기에 내재시켜 알려고 하기 때문이다. 여기에서 그 부인에 대한 좋지 못한 감정이 있을 때는 고통을 느끼고 그 반대일 경우에는 기쁨이 생기는 것이다. 그러나 반야지의 입장에서는 그 부인을 있는 그대로 보는 것이다.

이 지혜는 인간 마음의 본성이다. 그러나 우리들 범부에게는 위에서 밝힌 것처럼 여러 가지 번뇌가 있고, 이것이 여실하게 사물을 보려고 하는 반야의 작용을 방해한다. 따라서 수행에 의해 번뇌의 힘을 약화시키고 선정을 닦아서 반야의 힘을 강하게 하는 것이 필요하다. 불교 수행의 목적이 고통을 여의고 열반의 즐거움을 증득하는 데 있음은 재론을 필요로 하지 않는다. 이 고통이 어디에서부터 왔는가? 바로 사실을 사실대로 알지 못하는 데서 기인한 것이다. 그렇다면 고통을 여의는 방법은 자명하게 드러난다. 곧 반야지를 증득하는 것이다.

3

바라밀다(波羅蜜多)

(1) 바라밀다의 뜻

바라밀다는 산스크리트 어 '파라미타(pāramitā)'를 음역한 말이다. 구마라습은 이것을 바라밀(波羅蜜)이라 번역하고 있다. 이 말은 크게 나누어 두 종류의 해석이 있다. 첫째는 '최고의'를 의미하는 형용사 파라마(parama)에서 파생하는 말인 파라미(pārami)에 상태를 나타내는 접미사 타(tā)가 더해져서 된 추상명사로서 '극치 · 완성 · 성취'를 의미하고 있다. 따라서 이 첫 번째 해석에 의하면 반야바라밀다는 '지혜의 완성' 또는 '극치의 지혜'라고 번역할 수 있다.

둘째는 '저쪽의 언덕'을 의미하는 명사 파라(pāra)의 목적격 파람(pāram)에 '간다'라고 하는 어근 이(i)를 붙여서 '저쪽의 언덕에 가는 자'라는 파라미트(pāramit)의 명사를 만들고, 문법규칙에 의하여 최후의 티(t)를 생략하고, 접미사 타(tā)를 붙여서 '파라미타(pāramitā)'

라는 복합어를 만들었다는 것으로서 '저쪽의 언덕에 가는 것, 간 상
태'를 의미하고 있다. 따라서 이 둘째의 해석에 의할 것 같으면, 반야
바라밀다는 '지혜에 의해서 피안에 가는 것' 혹은 '지혜에 의해서 피
안에 간 상태'라고 번역할 수 있다.

(2) 바라밀다의 의미

부처님은 보살의 수행(육바라밀)을 완성하여 부처님이 되신 까닭에
바라밀다를 완성이라고 해석해도 좋을 것이다. 그러나 완성이라고
하는 것은 직선적인 사고다. 사물을 직선적으로 고찰하면 완성한 뒤
에는 어떻게 될까 하는 문제가 생긴다. 가령 하나의 문명이 완성된다
면 그 문명은 그 뒤에 어떻게 될 것인가?

완성되었다면 거기에는 진보는 멈추고 만다. 가령 완전이라 해도
진보나 변화가 없는 세계 정도로 퇴굴해 버리고 말 것이며, 진보가
없다면 필연적으로 생기를 잃어서 쇠퇴로 향하게 되지 않을까! 이 사
정은 개인의 완성일 경우에도 마찬가지일 것이다. 진보가 멈춘 사람
의 생활은 가령 완성되었다 해도 퇴보한 것이라 할 수 있다. 즉 '완
성'을 직선적으로 고찰하면, 자기를 부정하는 계기가 그 가운데에서
나온다.

부처님께서도 보리수 아래서 정각을 얻어 수행을 완성하고는 더
이상 이 세상에서 할 일이 없어졌을 때 허무의 심연에 빠졌다고 한다.
그때까지 전력을 다해 깨달음을 얻고자 고심했기 때문에 그것이 달성

되었을 때 이 목표가 홀연히 사라진 것이다. 즉 허무가 찾아온 것이다. 그래서 그대로 열반에 들려고 하셨다. 그러나 부처님께서는 중생을 교화하는 것으로 생각을 바꾸어 다섯 비구에게 설법하기 위하여 녹야원으로 향하신다. 즉 부처님은 완성을 얻은 후에 입장을 바꾼 것이다. 다시 말해서 중생교화라는 것이 없을 때 부처님이 해야 할 일은 아직 완성되지 못한 것이다. 여기서 우리들은 중생의 수가 무량무변하기 때문에 우리들을 깨달음으로 인도하는 행도 한이 없음을 알게 된다.

이렇게 바라밀다를 직선적인 완성이라고 이해하면 모순에 떨어지기 때문에 바라밀다는 완성의 의미이긴 하지만, 그러나 완성 그대로 어디까지나 나아가는 것 같은 '완성이 없는 완성'이라고 생각하지 않으면 안 된다. 여기에서 무한히 향상되어 가는 원상을 순환하는 것 같은 수행이 생기게 된다.

위에서 이미 밝힌 것처럼 바라밀다를 《대지도론》에서는 '도피안'이라고 해석하고 있는데, 이 설이 나타난 것도 '완성(完成)'이라는 해석에 만족하지 못하기 때문이 아닌가 생각한다. 깨달음의 세계를 '피안(彼岸)'이라고 부르는 것은 원시불교에서도 오래 전부터 말하고 있다. 이처럼 미혹의 차안에서 깨달음의 피안으로 수행에 의해서 건넌다는 생각은 전부터 있었기 때문에 《대지도론》에서 이것을 바라밀다에 적용하여 해석한 것이 이 '도피안'의 해석이라고 할 수 있다.

4

심(心)

　지금까지 설명한 마하 · 반야 · 바라밀다는 산스크리트 어를 음역한 말이지만, 지금 살펴볼 심(心)은 산스크리트 어 '흐리다야(hṛdaya)'를 의역(意譯)한 것이다. 그러나 '심'이라는 말 역시 한자인 까닭에 이 말만으로서는 흐리다야가 가지고 있는 온전한 의미를 잘 알 수가 없다. 왜냐하면 심(心)이라는 글자에서 우리들은 일반적으로 '마음'을 생각하지만, 흐리다야라는 단어는 '마음'과는 조금 거리가 있기 때문이다.

　《반야심경》에서는 '심' 자가 두 번 나온다. 지금 설명하고 있는 제목상의 심 자와 경문에 있는 '심무가애(心無罣碍)'의 심 자이다. 그러나 한자로서는 동일한 심 자인데도 불구하고 두 글자는 각기 다른 산스크리트 어의 번역어로 사용되고 있다. 제목상의 심 자는 흐리다야의 역어이지만, 경문의 심 자는 칫타(citta)의 역어다. 이 칫타라는 말이 우리들이 생각하는 마음의 의미를 가지고 있다. 보통 심(心) · 의

(意)·식(識)과 병행해서 사용하는 경우도 있지만 심리적인 마음을 가리키는 말은 바로 이 칫타다.

그렇다면 제목상의 심인 흐리다야는 무슨 뜻을 가지고 있는가? 이것은 심장(心臟)이라는 의미다. 한역에서 육체적인 심장을 마음과 같이 심이라는 말로 번역한 것은 불교에서 마음과 육체를 구별하지 않고 양자를 같은 입장에서 이해하는 것에 관계가 있는지도 모른다. 하여튼 제목상의 심은 심장의 의미를 가지고 있다. 그러나 지금의 경우 이 말은 비유적으로 사용되고 있다. 즉 가장 중요한 핵심을 심장이라는 말로 비유적으로 표현했다고 할 수 있다. 물론 흐리다야에는 심장이라는 말 외에 중심이라든가 본질, 진수(眞髓) 등의 의미가 있기 때문에 이 말을 바로 적용하여 심을 해석할 수도 있다. 이 경우 반야바라밀다심은 '반야바라밀다의 진수' 등이 될 것이다.

5

경(經)

경은 산스크리트 어 '수트라(sūtra)'를 번역한 말이다. 그리고 '수트라'라는 말은 선(線)이라든가 실(絲)의 의미가 원래의 뜻이다. 인도를 여행한 경험이 있는 사람이라면 보았겠지만, 인도에서는 꽃을 실에 꿰어 화발을 만드는 습관이 있다. 이렇게 실에 꽃을 꿰면 많은 꽃을 흩어지지 않게 모을 수가 있다. 이러한 습관에 연유하여 부처님의 교설을 간략화해서 짧은 문장으로 흩어지지 않게 묶은 것을 수트라라고 부르게 되었다.

따라서 경이란 말은 부처님의 참된 가르침을 모은 것이라는 의미가 있다. 그렇다면 경, 즉 부처님의 참된 가르침은 어떤 것을 모아 두었는가? 《잡아비담심론(雜阿毘曇心論)》에서는 "경에 다섯 가지 의미가 있다."고 전제하고, 이것을 각각 다음과 같이 설명하고 있다.

첫째는 출생(出生)이다. 이 말은 경전이 뛰어난 의미를 세상에 출생시킨다는 것이다. 두 번째는 천용(泉涌)이다. 경전에서 나온 의미는 마치 샘물처럼 다할 수가 없다는 것이다. 세 번째는 현시(顯示)다. 영원히 변하지 않는 진리를 나타내 보인다는 뜻이다. 네 번째는 승묵(繩墨)이다. 경은 옳고 그름을 판별하는 기준이 된다는 것이다. 그리고 마지막 다섯 번째가 결만(結鬘)이다. 마치 꽃을 실에 꿰듯이 교법을 엮어 두었다는 의미이다.

우리가 독송하는 《반야심경》을 번역한 분을 경에서는 삼장법사 현장이라고 적고 있는데, 여기서 말하는 삼장이란 경장(經藏)·율장(律藏)·논장(論藏)을 가리킨다. 경장은 부처님의 교리를 모은 것, 율장은 계율을 모은 것, 논장은 경에 대한 제자들의 연구성과를 모은 것을 말한다. 이러한 입장에서 경이라고 하면 불교의 전적을 총괄하는 삼장 중 율장과 논장을 뺀 부처님의 말씀이라고도 할 수 있다.

제3장
본문의 의역과 해설

1

반야심경 본문의 구조

(1) 반야심경의 설자(說者)

우리들은 앞에서 《반야심경》에 광본과 약본 두 종류가 있고, 광본 《반야심경》에는 경전이 갖추고 있어야 할 서분이 있음을 살펴보았다. 다시 한 번 《반야심경》이 설해지는 그때의 사정을 광본의 서분을 통해서 보면, 이 경이 설해지는 과정을 다음의 몇 가지로 나누어 볼 수 있다.

첫째로 이 경은 부처님께서 광대심심삼매에 드신 가운데 설하신 것이다. 따라서 이 경은 부처님의 증명이 함께 하고 있다.

둘째로 이 경은 사리불이 부처님의 위신력을 입어 관자재보살에게 반야바라밀다행을 물은 데서 비롯한다.

셋째로 따라서 이 경은 부처님의 호념(護念)을 입어서 관자재보살이 깊은 반야바라밀다를 수행하는 방법을 설한 경전이다.

결국 《반야심경》은 부처님께서 일체 중생들을 성숙시키고자 하는 대자대비하신 원력에 의하여 사리불과 관자재보살의 대화로 비롯하는 것이라고 할 수 있다. 여기에서 우리들은 부처님의 중생을 향한 지극하신 자비심을 엿볼 수 있다. 이러한 예는 경전의 도처에서 볼 수 있는데, 그 한 가지를 《대품반야경》의 한 경문을 통해서 보자.

부처님께서 사리불에게 말씀하셨다.

"사리불아, 선남자·선여인은 항상 자신이 이 깊은 반야바라밀을 글로 쓰고 내지 수행함이 시방제불의 위신력에 의한 것이라고 생각해야 한다."

사리불이 부처님께 말씀드렸다.

"세존이시여, 그렇다면 선남자·선여인이 이 깊은 반야바라밀을 글로 쓰고 내지 수행함은 이것이 부처님의 위신력 때문이고, 이 사람은 마땅히 제불의 옹호를 받고 있다고 알아야 하겠습니까?"

부처님께서 말씀하셨다.

"그렇다, 사리불아. 만약 어떤 선남자·선여인이 이 깊은 반야바라밀을 글로 쓰고 내지 수행함은 이 모두가 부처님의 위신력 때문이고, 제불의 옹호를 받고 있기 때문이다."

—〈문지품〉 제45

(2) 정종분(正宗分)의 구조

이미 설명한 것처럼 우리들이 독송하는 약본 《반야심경》에는 본론이라고 할 수 있는 정종분만이 있다. 그리고 이 정종분에 국한해서 보면 광본과 약본에 분량이나 내용에 큰 차이는 없다. 또한 이 경전이 짧기 때문에 정종분을 다시 구조적으로 세밀하게 구분짓기란 그렇게 용이한 것이 아니다. 그러나 고래로 몇몇의 주석가들이 나름대로 정종분의 구조를 밝히고 있는 것도 사실이기 때문에 필자도 그 중의 한 학설에 의거하여 입의분(入義分)·파사분(破邪分)·공능분(功能分)·총결분(總結分)의 사분(四分)으로 나누어 설명하고자 한다.

① 입의분: '관자재보살' 에서 '도일체고액' 까지의 25자인데, 경의 대의를 밝히고 있다.
② 파사분: '색불이공' 에서 '이무소득고' 까지가 해당한다.
③ 공능분: '보리살타' 에서 '고득아뇩다라삼먁삼보리' 까지이다.
④ 총결분: '고지반야바라밀다' 에서 끝까지가 여기에 해당한다.

2

입의분(入義分)

(1) 범위

◉

觀自在菩薩 行深般若波羅蜜多時 照見五蘊皆空 度一切苦厄

관자재보살이 깊은 반야바라밀다를 행할 때에 다섯 가지 모임(五蘊)은 모두가 공하였음을 분명히 보고 일체의 고액을 건넜다.

입의분 25자는 《반야심경》의 대의, 즉 이 경의 핵심을 간략하게 나타내 보인 것이다. 다시 말하면 이 경이 비록 260자로 설해지고 있지만, 이 입의분에 전체적인 뜻이 담겨 있고 나머지는 이 25자를 다시 부연 설명하는 형식을 취하고 있다. 따라서 입의분에서 설하고 있는 내용을 확실하게 이해하는 것은 곧 《반야심경》 전체를 이해하는 것이라고도 말할 수 있다.

이제부터 입의분 나아가서 경 전체의 대체적인 의미를 파악하기
위해서 경문에서 설하고 있는 것을 몇 부분으로 나누어 살펴보자.

(2) 대승보살의 두 날개—지혜와 자비

〔 관자재보살 〕

《반야심경》에서는 반야바라밀다(이하에서는 일반적인 관례에 따라 반
야바라밀다를 반야바라밀이라 칭함)를 실천하는 대표적인 인물이 관자
재보살로 되어 있다. 관자재란 현장 법사가 번역한 것으로 산스크리
트 어로는 '아발로키테슈바라(Avalokiteśvara)'이다. 즉 아발로키타
(Avalokita)를 '관(觀)'이라 번역하고, 이슈바라(īśvara)를 '자재(自
在)'라고 분해하여 번역한 것이다. 글자 자체의 의미로 볼 때는 이 번
역이 보다 적절하다고도 할 수 있다.

그러나 구마라습(鳩摩羅什, Kumārajīva) 법사는 이것을 관세음(觀
世音) 또는 관음(觀音)이라 번역하고 있다. 이렇게 원어(原語)에 서로
다른 번역이 있는 이유를 두 가지로 말하고 있는데, 그 첫째는 원어
자체가 다르다는 설이다. 즉 관세음의 경우 이슈바라의 이(i)가 없어
져서 스바라(svāra)로 되면 음(音)이라는 의미가 되는데, 이 때문에 구
마라습이 번역한 관세음의 산스크리트 어는 아발로키타슈바라
(Avalokitaśvara)라는 것이다.

두 번째는 《관음경》에서 설하는 뜻을 취하여 그렇게 번역했다는 설이

다. 즉 《법화경》 〈관세음보살보문품〉에서는 다음과 같이 설하고 있다.

그때에 무진의보살이 자리에서 일어나 바른 쪽 어깨에 옷을 벗어 메고 부처님을 향하여 합장하고 말씀드렸다.

"세존이시여, 관세음보살은 어떠한 인연으로 이름을 관세음보살이라 하십니까?"

부처님께서 무진의보살에게 말씀하셨다.

"선남자야, 만약 무량백천만억 중생들이 여러 가지 고뇌를 받게 될 때에 관세음보살의 명호를 듣고, 일심으로 그 명호를 일컬으면 관세음보살이 곧 그 음성을 관하고 모두 고뇌에서 해탈케 한다.

여기에 고뇌를 받고 있는 중생의 '음성을 관한다'고 하는 것에서 '관세음'의 의미가 나타난다. 이렇게 보면 관세음보살은 '세간의 고뇌하는 중생의 음성을 보아서 구해 주는 보살'의 의미가 된다. 그리고 이 관세음을 지칭하는 말로는 성관음 · 천수관음 · 십일면관음 · 여의륜관음 · 불공삭견관음 · 마두관음 등 여러 관세음보살이 설해지고 있는데, 여기에서 우리들은 음성을 어떻게 보는가 하는 의문이 생길지도 모른다. 왜냐하면 우리들은 일상에서 보는 것은 눈의 작용이라고만 생각하기 때문이다. 그러나 생각해 보면 우리들은 눈으로만 보는 것이 아니다. 귀로는 들어 보고 코로는 냄새를 맡아 보며, 혀로는 맛을 보고 손으로는 만져 보는 것이다.

다음으로 관세음보살 · 관자재보살이라고 할 때의 보살이란 말에 관하여 살펴보자.

불교 문헌이 중국에 전래되어 한역(漢譯) 되는 과정에서 음사어(音寫語)가 혼합되어 사용되었다는 것은 앞에서 이미 밝혔지만, 이러한 음사어들은 처음부터 동일한 말로 표기된 것은 아니고 경우에 따라서는 두 가지 이상으로 음사되는가 하면 때로는 번역어로 등장하기도 했다.

보살이라는 말도 그 중의 하나여서 산스크리크 어 '보디삿트바(bodhisattva)'의 음사이다. 그러나 위에서 지적한 대로 보디삿트바가 보살이라는 말로 음사된 것은 아니고,《반야심경》에서도 보이는 것처럼, 경우에 따라서는 보리살타(菩提薩埵)라는 말로 표기되기도 한다. 보디삿트바의 두 가지 음사어인 보살과 보리살타의 관계에 대해서는 뒤로 미루기로 하고, 여기서는 우선 보살이란 말의 의미에 관해서 살펴보자.

대승을 보살승(菩薩乘)이라고 말할 정도로 대승불교에서는 보살이라는 말이 일반화되어 있는데, '보디삿트바' 라는 말에는 다양한 의미가 담겨 있다. 왜냐하면 보살이라는 복합어의 앞 말인 '보디'는 '깨달음' '정각(正覺)'이라는 한 가지 뜻만을 가지고 있지만, 뒷말인 '삿트바'는 다양한 의미를 지니고 있기 때문이다. 이러한 까닭에 보살이라는 말의 의미가 문제로 등장할 때는 뒷말인 '삿트바'를 어떤 의미로 볼 것인지가 문제가 된다.

여기에 관하여 인도의 불교학자 하르 다얄은 그 어의(語義)로서 생각할 수 있는 것으로 다음의 일곱 가지를 열거하고 있다.

① '삿트바'는 본질(本質)을 의미한다. 이 경우에 보살이란 '정각

을 그의 본질로 하는 사람'이 된다.

② '삿트바'는 '유정(有情)'을 의미한다. 이 경우에 보살이란 '정
   각을 얻는다고 정해진 유정' 혹은 '정각을 구하고 있는 유정'이
   된다.

③ '삿트바'는 '심(心)' '결의(決意)' '지원(志願)'을 의미한다. 이
   경우에 보살이란 '그 마음·지원이 정각을 향하고 있는 사람'이
   된다.

④ '삿트바'는 '태아(胎兒)'를 의미한다. 이 경우에 보살이란 '그
   지식이 아직은 잠재적·미발전적인 사람'이 된다.

⑤ '삿트바'는 《요가수트라(Yoga-sūtra)》에서 '푸르샤'와 대비적
   으로 사용되어, '의식' '예지'를 의미한다. 이 경우에 보살이
   란 '잠재적 예지의 인격화'가 된다.

⑥ 삿트바에 해당하는 팔리(Pāli)어 삿타(satta)는 산스크리트어 사
   크타(sakta)의 대응어이기도 하다. 이 경우에 보디삿타
   (bodhisatta), 보디사크타(bodhisakta)는 '정각에 헌신하고 있는
   사람'이 된다.

⑦ '삿트바'는 '용기(勇氣)'를 의미한다. 이 경우에 보살이란 '용
   기 있는 사람'이 된다.

하르 다얄은 이상의 일곱 가지 중에서 두 번째와 여섯 번째, 특히
두 번째를 가장 적절한 해석으로 취하고 있다. 여기에서 종래 보살을
각유정(覺有情) 혹은 도심중생(道心衆生)이라 번역하게 된 근거를 찾
을 수 있다. 그런데 이렇게 보살의 의미를 '보디'와 '삿트바'라는 두

가지 말로써 해석하는 것은 비단 현대의 학자들에 한정된 것은 아니다. 《대지도론》 권 제4에서도 보살을 보리살타의 약어(略語)로 보고, '보리' 와 '살타' 에 대하여 다음과 같이 해석하고 있다.

보리(菩提)는 제불의 도(道)를 말함이고, 살타(薩埵)란 중생의 큰 마음〔大心〕을 말한다. 이 사람은 그 마음에 모든 불도의 공덕을 전부 얻으려고 생각한다. 그 마음은 금강으로 된 산처럼 끊을 수도 파괴할 수도 없다. 이 것을 큰 마음이라 한다. 그것은 다음의 게송에서 말하는 것과 같다.

일체 중생의 이익이 되는 모든 부처님의 법인 지혜(智慧)·계(戒)·정(定)을 보리라고 한다. 그 마음은 움직일 수 없고, 인내를 동반하여 불도를 완성할 수 있으며, 끊을 수도 파괴할 수도 없다. 이 마음을 살타라고 한다.

또한 뛰어난 성격을 칭찬하여 살(薩, sat)이라고 하고, 뛰어난 성격의 본질을 타(埵, tva)라고 한다. 보살의 마음은 자신에게도 타인에게도 이익이 되는 까닭에, 아뇩다라삼먁삼보리의 도를 행하는 까닭에, 모든 성자에 의해서 칭찬되는 까닭에 이 사람을 보리살타라고 이름한다.

무슨 이유에서 그런가 하면, 일체의 가르침 중에 부처님의 가르침이 첫째인데, 이 사람은 이 부처님의 가르침을 습득하려고 생각하고 있는 까닭에 성자들에게 찬탄받는 것이다. 다음으로 이러한 사람은 중생들 모두에게 나고 늙고 죽는 고통을 없애 주기 위해서 불도를 구한다. 그래서 그를 보리살타라고 말한다. 또한 부처님의 도, 성문의 도, 독각의 도라는 세 가지 도는 전부 보리라고 할 수 있다. 그러나 독각과 성문의 도는 보리라고 해도 여기에서 말하는 보리는 아니다. 부처님의 공덕에 포함되는 보리를 여기에서 보리라고 말하는 것이다. 그래서 그를 보리살타라고 한다.

그에게는 위대한 서원이 있다. 그의 마음은 흔들리지 않는다. 그는 정진을 계속하여 중도에서 퇴타하지 않는다. 이 세 가지 이유에서 그를 보리살타라고 한다. 또한 어떤 사람은 말한다.

"처음으로 깨달음을 얻으려고 하는 마음을 일으킬 때 그는 '나는 부처가 되어서 모든 중생을 구하겠다' 고 서원했다. 그는 이때부터 보리살타라고 말해지는 것이다."

이렇게 보면 보살이란 자신이 부처가 되어서 모든 중생을 제도하겠다는 서원을 가지고 깨달음을 구하고자 노력하는 중생으로서 그가 부처님의 지혜를 가지고 있는 까닭에 이것을 구하면 그것이 반드시 성취되도록 되어 있는 사람을 말한다고 볼 수 있을 것 같다. 여기서 우리들은 불교를 믿고 수행하는 모든 사람이 바로 보살임을 발견하게 된다.

원래 보살이라는 말은 처음 시작은 석가모니 부처님의 성불 이전인 태자 시절 나아가 전생의 수행자 시절을 표현하는 데서 비롯했지만, 이 말은 이렇게 시간의 흐름과 함께 대승에 뜻을 둔 모든 사람을 지칭하게 된 것이다. 보살은 필요한 경우에는 언제라도 그의 최고 지위에서 내려와서 깨달음이 없고 번뇌에 차 있으며, 업보에 묶여 있는 다른 일체 중생들 속에 들어가서 그들과 함께 생활하며, 무엇인가의 방법으로써 그들을 이익되게 하는 기회를 얻으려고 하는 것이다.

보살은 이러한 까닭에 고행자, 은둔자, 승단에 속해 있는 자로서의 생활을 버리고, 세간에 있고 세간과 함께 머물며 세간의 고통을 받으면서 일체 세간을 구극의 깨달음에 이르게 하려고 하는 것이다. 따라서 대승의 보살에게는 출가와 재가의 구별이 없다. 거기에는 신분의 높고 낮음이라든가 남녀·노소의 구별이 있을 수 없다. 우리 모두가 보살이 되는 것이다.

【 지혜를 실천하는 자비 】

지금까지 우리들은 경의 제목을 통해서 《반야심경》의 대의가 지혜(智慧)의 증득에 있음을 간파함과 동시에 본 경의 선설자인 관자재가 자비(慈悲)를 상징하는 보살인 것을 보아 왔다. 여기서 좀더 예리한 독자라면 다음과 같은 의문이 생길 것이다.

'무엇 때문에 자비를 상징하는 관자재보살이 반야(般若)를 설하시는가?'

사실 이러한 의문은 당연히 제기될 수 있는데, 그것은 우리들이 조석으로 행하는 예불문을 통해서도 느낄 수 있는 일이다. 주지하는 바와 같이 예불문 가운데는 '지심귀명례 대지문수사리보살 대행보현보살 대비관세음보살 대원본존지장보살마하살' 이라는 글귀가 있다.

이 예불문에 등장하는 네 분의 보살을 통상 불교의 사대보살(四大菩薩)이라 칭하는데, 그것은 원만구족하신 부처님의 덕성을 넷으로 분류하여 그 각각을 보살로 인격화한 것이라 할 수 있다. 즉 부처님의 덕성을 지혜·행원·자비·대원으로 구체화하여 지혜를 문수보살, 행원을 보현보살, 자비를 관세음보살, 대원을 지장보살로 해서 나타내 보여 주고 있다. 그럴진대 상식적으로 보아 당연히 반야의 지혜를 설하는 이는 문수보살이어야 한다. 그런데도 《반야심경》은 관세음보살(관자재보살)이 설하고 있다.

무슨 까닭인가? 관자재보살이야말로 부처님의 지혜를 가장 적극적으로 실현하는 보살이기 때문이다. 바꾸어 말하면 관자재보살로 상징되는 자비는 지혜와 더불어 대승보살의 두 날개와 같은 것이긴 하지만, 궁극적으로 지혜와 자비는 둘이 아니고 하나인 것이다. 따라서 반야지(般若智)의 증득이 있을 때 자비는 매우 자연스럽게 실천되는 것이다.

왜냐하면 반야의 지혜란 너와 나, 나아가 천지만물과 인간이 한 몸임을 깨달은 것을 말하고, 너와 내가 같은 몸임을 깨달았을 때만이 상대방의 고통이 나의 고통으로 느껴지기 때문이다.

세상에 자기 머리칼에 붙은 불을 끄지 않는 사람이 어디 있겠는가? 그렇지만 다른 사람의 머리칼에 붙은 불에 대해서는 어떻게 할까 망설일 수가 있다. 이와 마찬가지로 일체 중생의 생명이 자신의 생명과 동일체라고 확연히 깨달은 입장에서 어찌 타인의 고통을 외면할 수 있겠는가? 당연히 자신의 고통으로 다가오게 마련이다. 그래서 자신의 머리칼에 붙은 불을 수단과 방법을 가리지 않고 끄듯이 타인의 고통을 제거해 주는 것이다.

불교에서는 이러한 자비를 동체대비(同體大悲)라고 하는데, 관세음보살이 일체 중생의 음성을 관하여 그들의 고뇌를 해탈케 하는 것은 바로 이 동체대비에 연유한다. 따라서 관세음보살의 자비란 어떤 사명감이나 당위성에 입각한 것이 아니라 일심동체의 지혜를 깨달아 그것이 발현된 것일 뿐이다.

여기서 우리들은 본 경이 설하고자 하는 법문이 필경 낙처(落處)를 어디에 두고 있는지를 짐작할 수 있다. 그것은 다름 아닌 자비행(慈悲行)이라고 하는 깨달음의 실천이다. 곧 깨달음이라는 것이 정적(靜的)인 관념론이 아니라 현실 속에서 부단히 활동하는 대자대비의 관음행(觀音行)임을 《반야심경》은 선설자 관자재보살을 통하여 여실히 보여주고 있는 것이다.

【 중생의 이익과 안락을 위하여 】

불교의 궁극적인 목적이 성불(成佛)에 있다는 것은 재론의 여지가 없다. 그러나 출가·재가를 막론하고 불자들이 오직 일체 중생들의 성불만을 위해서 부처님께 공양을 올리고 보시를 행하며 기도를 하는 것은 아닐 것이다. 적어도 그렇게 보는 것은 한 단면만을 보는 것이고, 교리적인 견해일 따름이다. 일반 신도들의 입장에서 보면 오히려 불교를 믿음으로 해서 얻을 수 있는 공덕, 즉 현세와 후세의 행복을 원하는 경향이 더 강하다는 것을 부정할 수는 없다.

또한 불교가 2500년이 넘는 긴 세월 동안 인류와 더불어 함께 하고 있다는 사실은 무엇인가 사람들에게 현실적으로 이익을 주었기 때문에 가능했을 것이다.

따라서 수많은 경전에서는 이 점을 여러 각도에서 설하고 있고, 《반야심경》에서도 그것을 분명히 하고 있다. 즉 경에서는 "관자재보살이 일체 고액을 건넜다."고 설하고 있다. 일체 고액을 건넜다는 것이 무슨 말인가? 바로 인간의 삶에서 벌어지는 온갖 고통이나 재앙을 해소했다는 것이다. 관자재보살이 어떠한 수행을 하여 일체의 괴로움과 재앙을 여의었는지에 대해서는 일단 차치하고, 우선 일체 고액을 건넜다는 그 자체의 경문만을 좀 더 살펴보자.

인간의 삶에는 어느 누구를 막론하고 고통이 따르지 않을 수 없다. 이러한 입장에서 보면 인간 역사는 이 인간에게 필연적으로 있게 마련인 고통을 가능한 한 줄이고, 행복을 증대시키기 위한 부단한 노력이라고도 할 수 있다. 혹자는 불교가 현세 이익에 지나치게 치중한다는 지적을 하기도 하지만, 그러한 입장은 사실 어떤 종교라도 예외일 수는 없다.

이제 그 일면을 보자. 부처님께서는 그의 제가가 60명이 되었을 때, 그들로 하여금 적극적인 전도의 길을 나설 것을 말씀하시고 있다. 그때 60명의 제자들에게 하신 말씀을 후세의 학자들은 '전도선언(傳道宣言)'이라고 이름하고 있는데, 이때의 말씀을 남전 《상응부경전》 4·5에서는 이렇게 기술하고 있다.

비구들이여, 나는 하늘과 사람의 일체 속박에서 벗어났다. 비구들이여, 너희들도 또한 하늘과 사람의 일체 속박에서 벗어났다. 비구들이여, (전도의) 길을 떠나라. 중생의 이익과 중생의 안락을 위해서 세간을 불쌍히 여기는 까닭에 인간과 하늘의 의리(義利)·이익·안락을 위해서 길을 떠나라.

두 사람이 함께 가지 말아라. 비구들이여, 처음도 좋고 가운데도 좋고 끝도 좋으며, 내용도 있고 말도 조리 있게 갖추어져 있는 법을 설하라. 순수해서 원만하고, 완전 청정한 범행(梵行)을 실제로 보여라. 중생 가운데는 마음에 더러운 티끌이 적은 이도 있을 것이며, 만약 법을 듣지 못하면 타락하겠지만, (들으면) 법을 깨달을 것이다.

부처님께서는 분명하게 중생의 이익과 중생의 안락을 위해서 전도의 길을 떠나라고 말씀하고 있다. 즉 불교의 근본 목적이 사람들의 이익과 사회의 행복을 실현하는 것에 있음을 분명히 하고 있다. 물론 이익과 안락이라는 말이 많은 의미를 내포하고 있기 때문에 이것을 바로 현세 이익이라고 단정하기는 어렵지만, 그렇다고 현세 이익을 도외시한 것이 아님은 확실하다고 할 것이다. 왜냐하면 이익이라는 것은 물질적인 측면에서, 그리고 안락이라는 말은 정신적인 측면에서 행복을 주는 것으로 생각할 수 있기 때문이다.

이렇게 불교의 신행을 통한 현세 이익, 즉 인간의 고뇌를 해결하고 그것으로 일체 중생을 고통이 없는 피안으로 인도하는 이가 관자재를 비롯한 보살들이다. 여기서 우리들은 우리 삶의 당면과제인 행복을 얻는 비결을 발견하게 된다. 그것은 다름 아닌 관자재보살이 행한 그 수행을 몸소 실천하는 것이다.

(3) 반야바라밀의 수행

【 깊은 반야바라밀의 수행과 위력 】

우리들은 관자재보살이 어떤 인물인지를 살펴보았다. 그는 중생들이 여러 가지 고뇌를 받게 될 때에 그의 명호를 부르면 그 음성을 관하여 바로 중생들의 고뇌를 없애 주는 성자이다. 그리고 관자재보살의 이러한 대비심은 부처님의 지혜를 남김없이 체득함에 의해서 이루어진 당연한 현상이다. 그렇다면 관자재보살의 그와 같은 지혜와 위신력은 어떻게 하여 얻게 되었는가?

경에서는 그것을 '깊은 반야바라밀다를 행한' 데서 온 것이라 설하고 있다. 즉 관자재보살이 관자재보살로서의 위신력을 갖추게 된 수행법은 다름 아닌 깊은 반야바라밀을 행하는 것이라 설명하고 있다. 불교의 수행법에는 참선·염불·주력·간경(看經) 등 여러 가지가 있지만, 관자재보살은 깊은 반야바라밀을 수행하여 일체의 고통과 재앙을 여의고 뭇 중생들을 건지게 된 것이다.

그런데 경에서는 '깊은' 반야바라밀이라 설하고 있다. 이미 경 제목에 즈음하여 보았듯이 반야바라밀에 깊고 얕음이 있을 수 없는데도 불구하고 경에서는 깊다(深)라는 형용사를 반야바라밀 앞에 붙이고 있다. 그 이유가 무엇인가? 이제 이 부분의 이해를 돕기 위하여 《대품반야경》에서 설하는 다음 경문을 보자.

세존이시여, 보살마하살이 보시바라밀을 원만히 갖추려고 하면 반드시 반야바라밀을 배워야 합니다. 지계바라밀·인욕바라밀·정진바라밀·선정바라밀·반야바라밀을 원만히 갖추려고 하면 반드시 반야바라밀을 배워야 합니다.

—〈권학품〉 제8

위의 경문은 대승불교에서 보살의 수행 덕목인 육바라밀(六波羅蜜)

과 반야바라밀의 관계를 말해 주는 중요한 부분 중의 한 곳인데, 여기에 의하면 반야바라밀이 다른 다섯 가지 바라밀을 포함하고 있을 뿐만 아니라 반야바라밀을 원만히 갖추기 위해서는 반야바라밀이라는 법문을 배우지 않으면 안 된다는 의미를 표현하고 있다. 여기서 우리들은 육바라밀의 하나인 지혜바라밀과 반야바라밀이 서로 다른 차원임을 발견하게 된다. 다시 말해서 반야경의 주제인 반야바라밀은 육바라밀의 한 항목인 지혜바라밀이 아니라 그 모든 것을 포함하는 것임을 말해 주고 있다. 그래서 경에서는 다시 말한다.

보살마하살은 이와 같이 깊은 반야바라밀을 배워서 모든 바라밀을 모두 포섭하고, 모든 바라밀로 하여금 늘게 하며, 모든 바라밀을 낱낱이 따르게 한다. 왜냐하면 이 깊은 반야바라밀은 모든 바라밀을 낱낱이 가운데에 들여 놓기 때문이다.

비유컨대 나라는 소견〔我見〕 가운데에 예순 두 가지 소견〔六十二見〕을 낱낱이 포섭하는 것과 같다. 이와 같이 수보리야, 이 깊은 반야바라밀은 모든 바라밀을 낱낱이 포섭하는 것이다. 비유컨대 사람이 죽으면 명근(命根)이 없어지는 까닭에 다른 감각기관이 전부 따라서 없어짐과 같다. 이와 같이 보살마하살이 깊은 반야바라밀을 행할 때에 모든 바라밀이 전부 따르는 것이다.

—〈등학품〉제63

이렇게 깊은 반야바라밀이란 모든 부처님의 가르침을 포섭하고 있는 바라밀이다. 그래서 일체의 불법은 반야바라밀의 인도를 받을 때 비로소 목적지를 향해서 갈 수 있는 눈이 생기게 되는 것이다.

여기서 우리들은 우리 자신들의 수행법을 되돌아보게 된다. 관자재보살이 깊은 반야바라밀을 행하여 크신 위신력을 갖추게 되었듯이 우리들도 마찬가지로 다른 수행법이 아닌 이 깊은 반야바라밀을 수행함에 의해서 그러한 위신력을 가질 수 있고, 따라서 일체의 고액에서 벗어날 수가 있는 것이다.

【 반야바라밀의 수행 방법 】

관자재보살은 '반야바라밀을 행하여' 크신 위신력을 갖추게 되었다. 그렇다면 반야바라밀을 행한다는 것은 구체적으로 어떤 수행을 말하는가?

이미 우리들은 반야란 있는 그대로 사물을 아는 지혜임을 보아 왔다. 따라서 이와 같은 반야바라밀을 행한다는 것은 생각을 일으켜서 얻는 것이 아니고, 어떤 노력에 의해서 인위적으로 들어가는 것도 아니다. 그래서 《대품반야경》에서는 다음과 같이 설하고 있다.

보살마하살은 반야바라밀을 행할 때, '나는 반야바라밀을 행하고 있다. 반야바라밀을 행하고 있지 않다. 반야바라밀을 행하고 있는 것도 아니고 행하고 있지 않은 것도 아니다.'라는 생각을 갖지 않는다. 사리불아, 보살마하살이 이와 같이 닦으면 이것을 반야바라밀과 상응하는 것이라 한다. …… 중략 ……

왜냐하면 보살마하살이 반야바라밀을 행할 때 나라고 하는 관념[我相]·중생이라는 관념[衆生相] 내지 아는 것이라는 관념[知者相]·보는 것이라는 관념[見者相]을 내지 않기 때문이다. 그것은 왜냐하면 중생은 본래 나지도 않고 없어지지도 않기 때문이다. 이처럼 중생은 나는 것도 없고 없어지는 것도 없으며, 아울러 어떤 것이든 난다는 모습도 없고 없어진다는 모습도 없는 것이다. 어찌 법에 반야바라밀을 행함이 있겠느냐! 이처럼 사리불아, 보살마하살이 중생을 보지 않는 것이 바로 반야바라밀을 행함이 된다. 본래 중생은 감각이 없고 실체가 없으며, 중생은 붙잡을 수 없고 고유의 특질을 여의어 있기 때문에 반야바라밀을 행함이 된다.

—〈습응품〉제3

이렇게 반야바라밀을 수행한다는 것은 스스로 반야바라밀을 행한다고도 행하지 않는다고도 보지 않는 것이다. 왜냐하면 일체의 관념이 사라진 자리가 반야바라밀이기 때문이다.

【 지혜의 눈과 실행의 발 】
《대지도론》권 제83에는 "무더운 날에 지혜의 눈과 실행의 발로서 청량지(淸凉池)에 이르는 것과 같다."란 말이 있다. 청량지란 맑고 시원한 못이라는 말이지만, 이것은 미혹을 여읜 열반의 세계를 비유한 말이다. 인도라는 나라는 열기(熱期)·우기(雨期)·건기(乾期)의 세 계절로 나누어지는데, 열기에는 대단히 무덥다. 우리나라의 여름과는 비교도 되지 않는 40도 이상이나 되는 날이 계속된다. 이렇게 더운 날에 시원한 못에 들어간 마음이 어떠하겠는가. 여기에서 열반의 세계를 청량지에 비유하고 있다.

이 열반의 깨달음에 도달하기 위해서는 아무래도 지혜의 눈과 그 눈을 따라 나아가는 발이 필요하게 된다. 바로 그 지혜의 눈이 반야바라밀이다. 즉 정확한 인식과 이론에 입각하여 실천이 주어졌을 때만이 목적지에 도달할 수 있는 것처럼 반야바라밀행이라는 올바른 안목이 있을 때만이 열반의 언덕에 도달할 수가 있다. 이제 반야행자는 반야행이라는 분명한 안목을 갖추게 되었다.

그러나 지혜의 눈이 있다고 해서 모든 것이 끝난 것은 아니다. 눈과 발 중 어느 한 가지만 없어도 열반이라는 청량지에 도달할 수가 없다. 여기에서 반야바라밀의 안목을 따라서 목적지를 향해서 직접 걸음을 옮기는 발이 필요하게 된다. 소위 실행이 요구된다. 이 실행해 나가는 발을 경에서는 "다섯 가지 모임(五蘊)은 모두가 공하였음을 분명히 본다."고 설하고 있다.

【 일체의 존재는 공(空)이다 】

반야바라밀의 실천을 경에서는 "오온(五蘊), 즉 다섯 가지 모임이 모두 공함을 분명히 보는 것"이라 말하고 있다. 여기서 우리들은 《반야심경》에서 설하는 가장 중요하고도 난해한 부분의 하나인 공(空)이라는 말과 이것의 대상인 오온이라는 불교 전문용어를 만나게 된다.

그럼 먼저 오온부터 살펴보자. 필지는 오온을 다섯 가지 모임이라고 번역했지만, 이 말의 산스크리트 어는 '판차 스칸다(pañcaskandha)'

이다. 판차(pañca)는 '다섯' 이란 말이고, 스칸다(skandha)는 '모아서 쌓다' 혹은 '구성요소(構成要素)' 라는 의미를 지니고 있다. 즉 일체 존재의 구성요소가 다섯 가지로 구분되므로 오온이라 한 것이다.

무엇이 다섯 가지 구성요소인가? 바로 파사분(破邪分)에서 설하고 있는 색(色)·수(受)·상(想)·행(行)·식(識)을 말하는데, 그 한 가지 한 가지에 관하여 좀더 자세히 살펴보자.

색: 산스크리트 어 '루파(rūpa)' 의 번역으로 물질적 현상으로 존재하는 것을 말한다. 루파는 '모양을 만든다, 형성한다' 는 의미를 지닌 rup에서 만들어진 말로 '형상적인 것' 을 의미함과 함께 '파괴된 다' 는 뜻을 지닌 ru에서 만들어진 것이라 하여 '변화하는 것' 이라 는 뜻도 내포하고 있다. 따라서 색은 형상과 색채를 포함한 일체의 형상적 존재를 가리킨다고 할 수 있다.

수: '베다나(vedanā)' 의 번역으로 '안다' 는 의미를 지닌 vid로부터 만 들어진 말이다. 흔히 감각이라고 우리말로 번역하고 있는데, 즐거 움을 감수(感受)하고 괴로움을 감하는 등 감각 작용을 말한다.

상: '상즈냐(samjñā)' 의 번역으로 '안다' 는 의미의 jñā에 sam(모두)이 라는 접두어를 붙여서 만든 말이다. 흔히 지각(知覺), 표상(表象)이 라고 번역하고 있다.

행: '상스카라(samskāra)' 의 번역으로 정신적인 작용이 일정한 방향으로 작용해 가는 측면을 가리킨다. 흔히 의지(意志)라고 번역하고 있다.

식: '비즈냐나(vijñāna)' 의 번역으로 '분별한다' 는 의미의 vi에 '안다'

는 뜻의 jñā를 첨가하여 만들어진 말인데, 외계의 사물을 인식하는 작용을 말한다. 이 인식작용을 불교에서는 여섯 가지로 나누어 설명하고 있는데, 눈·귀·코·혀·신체·마음이라고 하는 여섯 가지 감각기관이 형상·소리·향기·맛·촉각·마음의 대상에 접촉하여 인식하는 작용을 총칭하여 식이라 부른다.

이렇게 보면 오온(五蘊)이란 일체의 존재를 이루고 있는 물질적 현상과 정신작용을 다섯 가지로 구분한 것임을 알 수 있다. 물론 오늘날 우리 주변에는 인간과 세계의 형성에 대한 여러 학설이 있다. 그러나 그 어느 한 가지도 모든 사람들의 공감을 얻는 절대적 학설이 아님은 두말할 필요도 없다. 이러한 것은 고대 인도에서도 마찬가지여서 우주 만유의 형성요소에 관한 여러 학설이 있었고, 이 가운데 가장 보편적인 것이 바로 오온설이었기 때문에 불교에서도 이 사상을 그대로 받아들여 인간과 그 환경 및 우주 전체를 오온으로 표현하고 있다.

그런데 경에서는 이 다섯 가지 모임, 즉 일체의 존재가 공(空)이라고 설한다. 그렇다면 공이란 무엇이고, 무슨 까닭에 일체 현상이 공이라고 하는가?

(4) 반야바라밀의 수습과 공(空)

【 반야심경과 공사상 】
종교가 철학과 다른 점은 여러 가지로 고찰할 수 있겠지만, 가장 현격한 차이는 철학이 이론적인 것에만 매달리는 것에 비해서 종교는 철학적인 이론을 근거로 해서 거기에 입각한 실천이 수반되는 것에 있지 않는가 생각한다. 그래서 불교의 신행생활에도 수행(修行)이라는 실천이 무엇보다 강조되어 있고, 그 실천을 위해서 철학적인 이론이 뒷받침을 하고 있다.

많은 사람들이 대승불전(大乘佛典), 특히 《반야심경》에서 설하고 있는 공사상(空思想)이 철학적 이론에 치중된 것이라고 생각하는가 하면, 심지어 불교학자를 포함하여 대다수 사람들은 《반야심경》을 비롯한 반야경 전부가 공(空)의 철학만을 가르치는 것으로 생각하여 그 실천에 대하여는 등한시하는 경향이 있다. 그러나 초기 대승불교를 일으킨 반야경은 그 선구(先驅) 경전답게 대승불교에서 주창하는 거의 모든 사상을 망라하고 있고, 거기에는 또한 이론적인 체계와 그에 따른 실천이 강하게 부각되어 있다. 따라서 《반야심경》에서 설하는 철학과 실천을 통해서 우리들은 비로소 대승의 보살로서 새롭게 태어날 수가 있는 것이다.

《반야심경》에서 설하고 있는 철학적인 이론이나 실천은 철저하게 그 근거를 공사상에 두고 있다. 그러나 많은 사람들이 이와 같이 반야사상 나아가서는 대승사상의 핵심을 이루고 있는 공이라는 것이 실제에는 무엇을 의미하고 있고, 그 구체적인 실천이 무엇인지에 관하여는 정확한 견해를 가지고 있지 않는 것 같다.

그렇다면 무엇 때문에 대승불교의 핵심인 공사상을 이렇게 승속(僧俗)을 막론하고 그 의미와 실천에 관해서 분명한 인식을 가지지 못하게 되었는가? 그 가장 큰 이유의 하나가 우리들은 '반야의 공사상'이 어려운 것이라고 생각하는 점이다. 이렇게 어렵다고 생각하기 때문에 '반야사상'을 공부하는 학인이 그렇게 많지 않은 것이 우리 불교계의 현실이다. 주지하는 바와 같이 한국불교의 장자격인 조계종의 소의경전(所依經典)은 《금강경》이다. 이 경은 전체를 통하여 '공'이라는 말은 한 번도 언급하고 있지 않지만, 이 경 역시 공사상의 이해 없이는 그 해석과 실천이 불가능하다. 그런데도 이의 연구가 등한시 되는 것은 우려를 금할 수 없다 하겠다.

그러나 한편으로 이렇게 공사상이 어렵다는 생각이 잘못되었다고 말할 수는 없다. 왜냐하면 공사상에서는 예를 들어 우리들이 아침마다 일어나서 분명히 보게 되는 서울 한가운데의 남산(南山)이나 유유히 흐르고 있는 한강이 실제로는 없는 것(空)이라고 하기 때문이다. 자고 나면 들려 오는 저 거리의 자동차 소리가 실은 없는 것이라고 하기 때문이다. 우리들의 눈에 보이고 귀에 들리는 저 분명한 사실들을 실제로는 없는 것이라고 했을 때, 누구인들 그것을 어렵다고 하지 않겠는가.

그렇다고 해서 물러서 버릴 수만은 없는 것이 우리들의 당면 과제이다. 왜냐하면 앞에서 지적한 것처럼 이 공의 입장을 통과했을 때 비로소 열반을 향해 나아갈 수 있는 반야바라밀이라는 눈이 생기기 때문이다. 고통의 바다인 세상을 헤쳐 나갈 수 있는 불자(佛子)로서의 안목이 생기기 때문이다.

【 공의 일반적인 개념 】

공(空)이란 산스크리트 어 '슈냐(śūnya)'를 번역한 말이다. 공이라는 말 외에도 모든 존재의 본성이 공이라는 입장에서 공성(空性, śūnyatā)이라는 말을 사용하기도 한다.

공의 산스크리트 어인 슈냐는 수학의 0(零, zero)을 의미하는 말이기 때문에 공에는 무(無)의 의미가 내포되어 있다. 따라서 공이란 일체의 현상적 존재는 '없다'라는 의미를 가지고 있고, 모든 형태로 생각되고 예상되는 일체의 실체적인 것을 모두 부정하는 것이라고 생각할 수도 있다. 좀더 쉽게 말하면 일체의 현상적 존재는 본래 '없다'는 것이 공을 규정하는 말이 된다고 할 수 있다.

그러나 여기에서 분명히 하지 않으면 안 될 것은 공이 일체의 실체적인 것을 부정한다고 해서 이것을 일종의 허무(虛無)와 같은 것으로 생각해서는 안 된다는 것이다. 공은 분명히 세상에서 말하는 허무와는 차원을 달리하며, 절망을 부르짖는 것이 결코 아니라는 것이다.

반야불교의 핵심인 공은 단순한 부정이 아니다. 이 공은 부정만으로 그치지 않고 절대적인 긍정으로 전향된다. 다시 말하면 부정이 부정으로서 끝나는 한 그것은 우리들에게 아무 것도 줄 수가 없다. 거기에는 오직 정지(靜止)가 있을 뿐이며, 판단의 단절과 침묵이 있을 따름이다. 그러나 반야의 공은 우리들에게 모든 집착을 던진 진정한 자유와 해방을 가져다주고, 따라서 공에 의하여 진정한 의미의 보살도가 실천되는 것이다.

왜 그러한가? 먼저 우리들은 공의 올바른 이해가 있어야 한다. 즉

'공이란 없다'는 의미를 가지고 있다고 해서 이것을 '있다〔有〕'와 '없다〔無〕'라는 두 측면에서 생각하여 '있다〔有〕'의 반대개념인 '없다〔無〕'라는 것을 가지고 공을 파악해서는 안 된다는 것이다. 공의 개념을 파악할 때 우리들이 봉착하게 되는 일차적인 어려움이 바로 여기에 있다.

가령 나는 지금 책상 위에 놓여 있는 컴퓨터를 이용하여 이 글을 쓰고 있다. 따라서 내 방에는 컴퓨터가 있고, 내 방을 방문하는 사람은 컴퓨터가 있음을 기억하게 된다. 며칠 뒤 내가 컴퓨터를 다른 곳으로 옮긴 후 그 사람이 다시 내 방을 찾아왔다면 그는 필시 컴퓨터가 없다고 생각할 것이다. 그 사람이 생각할 수 있는 것은 컴퓨터라는 존재를 상정해 두고 거기에 대해서 보이면 있다고 하고 보이지 않으면 없다고 한다. 그렇다고 해서 그 사람이 '컴퓨터가 없음이 있다'라고 말하지도 않을 것이다. 만약 그 사람이 '컴퓨터가 없음이 있다'는 등의 '무(無)'를 마음에 떠올렸다고 한다면 그것은 무(無)를 일종의 유(有)로서 취급하고 있는 것이어서 무가 의미하는 본래의 성격과는 맞지 않는 것이다. 왜냐하면 없다〔無〕는 있다〔有〕는 것과 모순되는 개념이기 때문이다.

그러나 만약 같은 날 내 방을 방문한 사람이라 할지라도 내가 컴퓨터를 다른 곳으로 옮긴 후에 찾아온 사람이라면 어떻게 될까? 그는 컴퓨터에 관해선 그 자체를 연상할 수 없기 때문에 거기에는 있다와 없다는 생각이 없을 것이다. 따라서 먼저 왔던 사람이 '이 방에 컴퓨터가 없다'고 하면 그는 필시 '본래 없는 컴퓨터를 무엇 때문에 끄집

어내어 없다고 말하는가' 하고 의아해 할 것이다.

이렇게 우리들은 매사에 어떤 존재를 설정해 두고 그것을 붙잡고 유무(有無)를 따지고, 그래서 생각으로 붙잡고 있는 그 존재가 인식되면 '있다' 고 하고 인식되지 않으면 '없다' 고 말한다. 그렇지만 지금 살펴본 것처럼 붙잡고 있는 어떤 존재가 없을 때는 '있다' '없다' 하는 관념이 생기지 않는 상태에 놓이게 되는데, 이때에도 우리들은 '없다' 라고 말한다. 이 '있다' '없다' 는 관념이 있을 수 없는 상태의 없음을 이름하여 '공(空)' 이라 한다.

여기서 우리들은 언어의 허구성을 발견하게 된다. 같은 '없다' 라는 표현이지만 어떤 존재를 붙잡고 그 유무를 따져 없다고 하는가 하면, 존재의 관념이 끊어진 상태도 없다고 말하는 것이다. 이러한 허구성 속에서 우리들은 일상생활을 통해서 일체의 존재를 유무의 상태로만 받아들이고, 따라서 유무를 초월한 세계를 쉽게 경험할 수 없기 때문에 '없다' 고 하면 유의 반대개념인 무만을 생각한다.

여기에 무인 공을 취급하는 어려움이 있다. 무를 논의하는 이상 어떤 의미에서든 그 존재성을 인정하지 않으면 안 되는 것이지만, 그러나 무는 존재하는 것을 거부하는 것이다. 다시 말하면 '없다는 것' 과 '있다는 것' 은 서로 간에 대립되는 개념이지만, 그렇다 해서 무를 유와 같은 차원에서 대립시킨다면 그 무는 일종의 유가 되고 말아서, 무가 가지고 있는 본래의 의미가 상실되어 버리는 것이다. 즉 유는 개념화할 수가 있지만, 무는 개념화할 수 없는 것이다.

우리들이 공에 관해서 말할 때도 마찬가지의 문제에 봉착한다. 즉 우리들이 공을 논의하면서 '공은 공이라는 것이 있다. 공은 결코 허무를 의미하는 것은 아니다' 라고 해석하여 '있다(有)' 와 '없다(無)'라는 두 측면에서 생각하려고 한다. 그러나 위에서 지적한 것처럼 확실히 공은 허무 는 아니지만, 그렇다고 일종의 유일 수도 없다.

월칭(月稱, Candrakīrti, 600~650)은 그의 《중론(中論)》 주석서인 《입중론(入中論)》에서 이러한 '있다' 와 '없다' 라는 두 측면을 여읜 공에 관해서 그 기본적인 입장을 다음과 같은 비유로써 설명하고 있다.

눈에 병이 있는 사람은 눈앞에 무엇인가가 항상 어른거린다. 인도에서는 이러한 상태를 발망(髮網)이라 부르는데 환영(幻影), 환각(幻覺)이라고 해도 좋을 것이다.

무엇인가 이상하다고 느낀 그 사람은 친구에게 '나는 눈앞에 어른어른하는 것이 보이는데 자네에게도 보이는가?' 하고 물었다. 친구는 '그렇지 않다. 네가 보고 있는 머리카락 같은 것은 실제로 있는 것이 아니고, 네가 눈에 병이 있기 때문에 어른거릴 뿐이다' 라고 설명해 준다. 그러면 눈병이 있는 사람은 '아 그런가!' 하고 이 현상은 머리카락이 있는 것이 아니라는 것 등을 우선 안다. 그러나 그 사실이 이해되었다고 해서 어른어른하는 것이 보이지 않게 된 것은 아니다. 역시 보이고 있다. 뒷날 의사에게 가서 눈을 치료하고 나니, 머리카락은 완전히 보이지 않게 되었다.

이 경우 머리카락은 이 사람이 눈병이 들었기 때문에 있는 것처럼 보이지만 그것은 본래 실재하는 것이 아니다. '그런가!' 하고 말해서 머리카락이 없어졌다는 것도 아니다. 없어졌다고 하는 것은 무엇인가가 없어지지 않으면 말할 수 없는 것이고, 처음에 존재하고 있던 것이 사라졌기 때문에 없어졌다고 말하는 것이다. 원래 눈앞에 어른거리던 머리카락은 실재하던 것이 아니기 때문에 그것이 사라졌다고 해서 없어졌다고는 말할 수 없는 것이다.

존재의 실체라고 하는 것은 우리들이 환각으로서 보고 있는 머리카락 같은 것으로서 본래 실체라고 하는 것은 없다. 있는 것은 아니지만 그렇다고 해서 존재가 없다고 하는 것도 있을 수 없다. 무(無)라는 것이 성립하기 위해서는 그것이 본래 있었던 것이 아니면 무라고 말할 수 없기 때문에 무도 아니다. 따라서 공이라는 것은 유와 무라는 개념에서 파악될 수 없는 것이고, 공의 입장에서 존재는 '유라고도 무라고도 말할 수 없는 어떤 것'이라고 할 수 있다.

【 무집착(無執着)·무소유(無所有) 】

일체의 현상은 '유라고도 무라고도 말할 수 없는 어떤 것'을 이름하여 공(空)이라 했다. 그러나 일체 현상을 유와 무의 두 측면에서만 고정시켜 살아온 우리들로서는 아직도 이 도리를 납득하기가 그렇게 용이하지 않다. 솔직히 말해서 불교가 어렵다고 말하는 대다수의 사람들은 바로 이 점에 불만을 토로하고 있다. 있으면 있고, 없으면 없다고 분명히 밝히지 않고, 무엇 때문에 있는 것도 아니고 없는 것도 아니라고 애매하게 말하느냐고 항변한다.

해서 이제 이 말을 우리들의 삶에 좀더 접근해서 살펴보자. 우리들은 보편적으로 일체의 현상은 어떤 고정된 실체가 있다고 생각한다.

그러나 부처님은 바로 이 실체의 관념을 부정하여 《대품반야경》에서
는 다음과 같이 설한다.

모든 것은 인연이 화합해서 생기는 까닭에 사물에는 제 성품(性品)이
없는 것이다. 만약 제 성품이 없다면 이것을 법이 없음이라고 말한다. 이
러한 까닭에 수보리야, 보살마하살은 마땅히 일체 모든 것(一切法)은 본
성이 없다고 알아야 하는 것이다. 왜냐하면 일체 모든 것은 본성이 공한
때문이니, 이러한 까닭에 일체 모든 것은 본성이 없다고 마땅히 알아야
하는 것이다.

—〈도수품〉 제71

일체 모든 것은 인연의 모임에 의해서 생긴 것이기 때문에 그것은
자신의 성품, 즉 그것을 형성하고 있는 어떤 실체가 있는 것이 아니
라고 경은 밝히고 있다. 그래서 모든 것의 본성은 공이라고 단언하
고, 그 구체적인 사항을 이렇게 설하고 있다.

화합으로 생긴 까닭에 스스로의 성품이 없다고 하는 것은 무슨 말인가?
물질적 존재는 화합으로 생겼으므로 스스로의 성품이 없고, 감각·표
상·의지·인식도 화합으로 생겼으므로 스스로의 성품이 없다. 눈은 화
합으로 생겼으므로 스스로의 성품이 없고, 내지 생각도 화합으로 생겼으
므로 스스로의 성품이 없다. 형상(色) 내지 마음의 대상(法), 눈의 영역
(眼界) 내지 마음의 대상이라는 것(法界), 땅의 성질(地種) 내지 인식의

성질〔識種〕, 눈앞의 상황〔眼觸〕 내지 마음속에 있는 것〔意觸〕, 눈앞에 전
개되는 모든 것들에 대한 느낌 내지 마음속에 있는 모든 것들에 대한 느
낌도 화합으로 생겼으므로 스스로의 성품이 없다.

—〈십무품〉제25

　이러한 사실은 우리 자신을 돌이켜 보아도 알 수가 있다. 가령 사
람이라는 실체가 과연 있는 것인가? 우선 사람이란 정신과 육체라는
두 인연이 함께 있을 때 존재하는 것이다. 이 두 가지 요소가 분리되
면 그 사람을 우리들은 시체라 하고 그 정신은 영혼이라고 달리 부르
게 된다. 육체라는 것도 마찬가지다. 머리와 몸체와 두 팔과 두 다리
가 합해져 있을 때 사람이라는 이름을 갖지만, 이것들이 따로 흩어져
있을 때는 단지 머리는 머리일 따름이고 팔은 팔일 따름이지 사람이
될 수는 없다. 그래서 부처님께서는 또 이렇게 말씀하신다.

　예를 들어 신체의 한 부분을 머리라고 하지만 이것 역시 일부만 있는
것처럼 목덜미 · 어깨 · 팔 · 등 · 겨드랑이 · 넓적다리 · 종아리 · 발뒤꿈
치도 전부가 여러 가지 요소가 모여서 된 것이어서, 이러한 부분 및 이름
은 나는 것도 아니고 없어지는 것도 아닌데도 불구하고 세간의 이름을 가
지고 그렇게 부를 뿐이니, 이 이름은 안에 있는 것도 아니고 밖에 있는 것
도 아니며, 중간에 있는 것도 아니다.

—〈삼가품〉제7

이처럼 가령 사람이라는 존재에 실체적인 성품이 있는 것도 아니다. 우리들은 한 사람의 여자를 두고 그 호칭이 경우에 따라서 달라지는 것을 본다. 남편에게는 아내가 되고 자식에게는 어머니가 되며, 부모에게는 자식이 되는 것이다. 만약 사람에게 어떤 실체적인 성품이 있다면 어떻게 한 사람의 여자가 딸도 되고 어머니도 되며, 부인이 되기도 하고 때로는 누이가 되기도 하겠는가?

또한 그 한 여자를 대하는 사람들에 따라서 그녀에 대한 감정이나 평가는 달라진다. 즉 남편이 보았을 때는 사랑스런 사람인가 하면 시어머니가 보았을 때는 미운 존재가 될 수도 있다. 그러나 하인이 보았을 때는 평범한 여자에 지나지 않는다. 만약에 그 여자에게 한 개의 본질이 있다고 한다면 어떻게 사람에 따라서 천차만별의 평가가 나올 수 있겠는가? 있다면 그것은 말의 세계에서밖에 존재하지 않는다.

실제로 우리들이 보고 있는 이 사실의 세계는 무상하다. 가령 책상을 예로 들어보자. 이것은 목재와 목수와 칠장이 등에 의존해서 생기고, 그 밖의 존재와의 관계에 의해서 존재한다. 때문에 이것은 여러 요소가 모여서 된 것이고, 자립적으로 존재하고 있는 것이 아니다. 또한 이 책상이라고 하는 것은 부수면 장작이 되고, 태우면 재가 되고, 바람이 불면 날아가 사라져 버린다. 결코 항상 있는 것도 아니고 변하지 않는 것도 아니다. 그렇다면 단일한가 하면 모든 것은 복합체로서 책상이라는 하나의 전체성이 있는 것이 아니고, 책상은 많은 부분이 모여서 된 복합적인 것으로 그것은 결코 단일한 것이라고 말할 수 없다.

이렇게 일체 모든 것은 단지 이름만 있을 뿐이다. 말은 불변이다. 책상이 사라지고 내가 죽어도 책상이라는 한국말이 존속하는 한 있는 것이다. 말을 개념이라는 관념적 존재의 차원으로 환원하면 항상하고 물질이 아니기 때문에 분할되지 않는 단일한 존재며 우리들에게 의존하지 않기 때문에 자립적이라고 말할 수 있다.

우리들이 실재하는 것이라고 생각하는 모든 것은 사실은 언어에 불과한 것이고, 개념의 실체화에 불과한 것이다. 그러한 실체는 인간의 사유의 세계에만 존재하는 것으로 사실의 세계에서는 있을 수 없는 것이다. 그런데도 불구하고 우리들이 이 사실에 쉽게 접근하지 못하는 이유는 인간의 삶에서 언어가 점하고 있는 역할이 너무나 크기 때문이다.

우리들이 무엇인가 있는 것을 본다든가 듣고 있을 때 실은 그 사물을 본다거나 듣는다는 것이 아니라 그 말의 의미를 보고 있는 것이다. 그리고 말의 의미가 지닌 보편성과 항상성을 그 대상에 부여하고 있다. 우리들이 사물에 애착하는 것은 실은 그 사물을 나타내는 말의 보편성과 항상성에 붙잡히기 때문이다.

30년 전의 '나'와 지금의 '나', 그리고 30년 뒤의 '나'는 과연 같은 '나'인가? 만약 같은 '나'라면 어떻게 30년 전에는 젖먹이였고 지금은 장년이며 30년 후에는 머리에 백발을 하고 있겠는가! 우리들이 자기 자신에 애착하는 것도 본래 없는 자기라는 말에 붙잡혀 있기 때문이다. 마찬가지로 다른 사람을 보고 집을 보고 산이나 강을 보고 있을 때, 사람들은 그러한 것이 어제도 오늘도 내일도 변함없이 존재한다고 생각해 버린다. 그러나 그것은 원래부터 사실이 아니다. 그래서 일체는 공(空)이라고 한다.

【 일체의 고난과 재난을 소멸 】

이제 입의분(入義分)을 거두어야 할 때가 되었다. 경에서는 "일체의 고액을 건넜다〔度一切苦厄〕."는 말로 입의분을 마무리하고 있는데, 이것이야말로 부처님의 가르침이 중생들의 삶을 가꾸어 나가는 자비 자체인 것을 보인 것이라 할 수 있다. 왜냐하면 중생의 삶에 가장 심각한 것이 고통과 재난을 없애는 것인데, 관세음보살은 바로 반야바라밀로 이것을 성취하고 일체 중생을 제도하기 때문이다.

어떻게 반야바라밀에 의하여 일체의 고액을 없애는가? 첫째로 위에서 살펴본 공의 의미인 무집착(無執着)·무소유(無所有)의 삶을 실현하는 것이다. 즉 지금까지 우리들은 무엇 때문에 일체 현상이 공함을 분명히 보는 것〔照見〕에 의해서 진정한 자유와 해방이 주어지고, 참다운 의미의 보살도가 실천되는지를 살펴보았다. 그것은 바로 무집착·무소유에 의한 무한 창조의 생활이다. 가령 앞에서 예로 든 것처럼 한 여자가 때로는 부인이 되고 때로는 어머니 혹은 며느리가 된다. 이때 그 여자가 한 남자의 부인이라는 것에만 집착하여 어머니로서의 역할이나 혹은 며느리로서의 역할을 하지 않는다면 어떻게 되겠는가? 또한 어떤 사람에 대하여 혹은 자신에 대하여 특정한 고정관념에 집착하고만 있다면 그에게 무슨 발전의 계기가 주어지겠는가? 일체의 현상에는 본래 고정불변한 실체가 없다는 공의 터득이 있을 때 거기에 무한 세계가 열리는 것이다.

둘째로 고통이 본래 없는 것을 보는 것이다. 우리들에게 늙고 병들고·죽는 근본적인 괴로움을 비롯하여 갖가지 고난과 고통이 따르는 것은 기본적으로 인간에게 나〔我〕라는 것이 있기 때문이다. 이 나라는 것이 없을 때 고통은 있을 수 없다. 가령 어떤 사람이 간암에 걸려서 심신의 고통을 받는다고 했을 때 거기에는 간이라는 물질과 그것을 느끼는 마음이 같이 있다는 것이 전제된다. 만약 간이라는 물질이든 그것을 느끼는 마음이든 그 가운데 한 가지만 빠진다면 간암에 걸릴 이유도 그것 때문에 괴로워할 이유도 없어진다.

이와 같은 이치는 우리들의 삶 전체에 그대로 적용된다. 인간을 형성하고 있는 다섯 가지 요소인 물질적 존재〔色〕· 감각〔受〕· 표상〔想〕· 의지〔行〕· 인식〔識〕이란 육체와 정신을 다섯 가지로 분류한 것이다. 따라서 인간이 육체와 정신의 결합에 의해서 존재한다고 해도 크게 어긋나는 말은 아니다. 우리들은 이 정신과 육체가 결합되어 있을 때 살아있다고 말하고, 고통이라는 것은 살아있을 때 있을 수 있는 것이다. 죽은 시체가 늙을 수는 결코 없는 것이다. 왜냐하면 거기에는 이미 나라는 것이 없기 때문이다.

반야바라밀인 공에서는 아(我)도 없고 타(他)도 없으며, 번뇌를 받아야 할 심신도 없고 해로움을 끼치는 타인도 없다. 우리들이 어떤 대상이나 환경에 대하여 두려움을 느낀다든가 공포심을 갖는 것은 나〔我〕라는 것이 있고 그 대상이나 환경이 없다면 그러한 감정은 결코 생길 수 없다.

우리들의 삶 전체를 둘러싸고 있는 일체의 괴로움이나 재난을 극복하여 행복을 얻고자 하는 것은 누구나 바라고 있는 최대의 소망이다. 이 소망을 관자재보살은 반야바라밀을 행하여 성취하였음을 경전은 말하고 있다. 반야바라밀에 의해서 온갖 괴로움은 소멸된다. 왜냐하면 거기에는 이미 괴로움을 받을 현상계가 없기 때문이다.

3

파사분(破邪分)

(1) 파사분의 범위

舍利子 色不異空 空不異色 色卽是空 空卽是色 受想行識
亦復如是 舍利子 是 諸法空相 不生不滅 不垢不淨 不增不
滅 是故 空中無色 無受想行識 無眼耳鼻舌身意 無色聲香
味觸法 無眼界 乃至 無意識界 無無明 亦無無明盡 乃至 無
老死 亦無老死盡 無苦集滅道 無智亦無得 以無所得故

사리자여, 물질적 존재가 공과 다르지 않고 공이 물질적 존
재와 다르지 않다. 물질적 존재가 곧 공이요 공이 곧 물질적
존재니, 감각 · 표상 · 의지 · 인식도 또한 마찬가지다.

사리자여, 이 모든 법은 공상(空相)이어서 나지도 않고 없어
지지도 않으며, 더럽지도 않고 깨끗하지도 않으며, 늘지도

않고 줄지도 않는다. 이런 까닭에 공 가운데는 물질적 존재도 없고 감각·표상·의지·인식도 없으며, 눈·귀·코·혀·신체·마음도 없고, 형태·소리·냄새·맛·감촉·마음의 대상도 없으며, 눈의 영역도 없고 나아가 의식의 영역까지도 없다. 근원적인 무지도 없고 근원적인 무지가 다함도 없으며, 나아가 늙고 죽음도 없고, 늙고 죽음이 다함도 없으며, 고통, 고통의 원인, 고통을 제거하는 것, 고통을 제거하는 것에 이르는 길도 없다. 슬기도 없고 또한 얻음도 없다. 모두가 붙잡을 것이 없기 때문이다.

(2) 물질적 존재는 곧 공이다

◉

舍利子 色不異空 空不異色 色卽是空 空卽是色 受想行識
亦復如是
사리자여, 물질적 존재가 공과 다르지 않고 공이 물질적 존재와 다르지 않다. 물질적 존재가 곧 공이요 공이 곧 물질적 존재니, 감각·표상·의지·인식도 또한 마찬가지다.

【 사리자 】
파사분은 '사리자여' 라고 부르는 것으로 시작한다. 누가 무슨 연유에서 사리자를 부르는가? 이제 이 점을 분명히 하기 위하여 다시

한 번 광본(廣本)《반야심경》서분의 일절을 살펴보자.

　　그때에 사리불이 부처님의 위신력을 입어 합장공경하고 관자재보살에
게 사루어 말씀드렸다.
　　"선남자시여, 만약 심히 깊은 반야바라밀다행을 배우고자 하면 어떻게
수행해야 합니까?"
　　이렇게 묻자 그때에 관자재보살마하살이 구수 사리불에게 말씀하셨다.
　　"사리자여, 만약 선남자·선여인으로서 심히 깊은 반야바라밀다를 행
할 때는 마땅히 다섯 가지 모임의 성품이 공하였음을 보아야 한다. 사리
자여, 물질적 존재가 공과 다르지 않고……."

　　지금까지의 입의분은 관자재보살이 체득한 경지를 개괄적으로 설
시한 것이었다. 반면에 파사분은 사리불이 반야바라밀의 수행방법을
물은 데 답하여 관자재보살이 이 경을 설하면서, 대중을 대표하고 있
는 사리불을 향하여 '사리자여'라고 부른 후에 파사분의 설법이 시작
된다.
　　사리자는 산스크리트 어 '샤리푸트라(Sāri-putra)'를 번역한 말로
구마라습은 위의 광본과 마찬가지로 사리불(舍利弗)로 번역하고 있
다. 두 사람이 같이 산스크리트 어 '샤리'는 '사리(舍利)'라고 음역하
고 있다. 그러나 다음의 '푸트라'는 '아들[子]'의 의미이기 때문에
현장은 '자(子)'라고 의역했고, 구마라습은 '불(弗)'이라고 음역했
다. 또한 '샤리'는 새의 일종이기 때문에 이 점에서 '추로자(鶖鷺子)'

라고 번역되기도 하고, 어머니의 이름이 '샤리'이기 때문에 '샤리의 아들'이라는 의미도 있다.

사리불은 중인도 마가다국 출신으로 아버지는 이름 있는 바라문이었다. 어릴 때부터 총명하여 모든 기예나 경론 등에 통달하고, 16세에 이미 그를 당할 자가 없었다. 그 후 회의론자인 산자야(Sañjaya)의 제자가 되고, 7일 만에 그 교지를 통달하여 제자들의 상수(上首)가 되었다. 그러나 역시 스승인 산자야의 가르침에서는 불사(不死)의 경지를 얻지 못했다. 그때 어릴 때부터의 지기인 대목건련(大目犍連)이 동문으로 있었는데, 만약 진실한 가르침을 얻으면 서로 알려 주기로 약속했다.

바로 그 즈음 부처님은 녹야원에서 다섯 비구(五比丘)를 제도하고, 다시 마가다에 돌아와 우루빈라 등 가섭 삼 형제와 그 제자 천명을 제도하여 널리 교화를 펴고 계셨다. 어느 날 다섯 비구의 한 사람이었던 앗사지(Assaji, 馬勝)가 아침 일찍 왕사성에 들어가 탁발하고 있었다. 그의 걸음걸이는 단정하여 행보가 원만했고 모든 위의가 갖추어져 있었다. 사리불은 이 앗사지의 거룩한 모습을 보고 이야말로 아라한의 깨달음을 얻은 사람임에 틀림없다고 생각하여, "그대의 스승은 누구입니까? 무슨 법을 배우고 있습니까?" 하고 물었다. 이 물음에 앗사지는 "나는 석가족에서 출가한 사문의 제자입니다. 그러나 입문한 지 얼마 되지 않았기 때문에 대사문의 넓고 깊은 가르침을 상세히 말하지는 못합니다. 다만 요점만은 말할 수 있습니다." 하면서 다음의 게송을 설했다.

모든 법은 인과 연에 의하여 생긴다.

또한 모든 법은 인과 연을 따라 없어진다.

모든 법은 인으로부터 생한다. 여래는 그 인을 설하신다.

모든 법은 인을 따라서 멸한다. 대사문은 이와 같이 설하신다.

고래로 이 게송을 '법신게(法身偈)' 혹은 '연기게(緣起偈)'라 칭하고 있는데, 총명한 사리불은 이 간략한 인연법의 게송을 듣고 모든 번뇌를 벗어나 법안(法眼)을 얻었다. 그리고 대목건련과 의논하여 산자야의 제자 250인과 함께 죽림정사에 가서 부처님의 제자가 되었다. 많은 경전에서는 부처님께서 "1,250인의 비구 대중과 함께 하셨다"고 설하고 있는데 이는 세 가섭의 제자 천명과 산자야의 제자 250인을 합하여 가리키는 것이다.

사리불은 대목건련과 함께 석가모니 부처님의 제자들 가운데 상수가 되어 교단의 발전에 크게 공적을 남겼다. 사리불은 부처님의 십대제자 중 지혜제일이라고 칭송되는데, 이는 그가 부처님의 가르침을 가장 깊이 이해한 제자임을 의미한다. 그 까닭에 반야경에서는 자주 부처님에게 질문을 하고 반야경이 설해지는 기연(機緣)을 낳았다. 공의 이해에서는 제자들 가운데 수보리가 가장 깊다고 하여 수보리를 해공제일(解空第一)이라고 칭하지만, 그러나 사리불도 수보리에 못지 않는 공의 이해에 깊은 제자였다. 그 때문에 《반야심경》에서는 사리불이 모든 대중의 대표로서 관자재보살에게 반야바라밀의 수행법을 묻는 것이다.

【 물질적 존재는 공이다 】

사리불을 향하여 '사리자여' 라고 부르는 관자재보살의 설법은 '물질적 존재가 공과 다르지 않고, 공이 물질적 존재와 다르지 않다. 물질적 존재가 곧 공이요, 공이 곧 물질적 존재이다' 로 이어진다. 이 부분이야말로 불자와 비불자를 막론하고 불교에 조금이라도 관심을 가졌던 사람이라면 한번은 접했을 정도로 널리 알려진 구절이다. 그런데도 불구하고 많은 사람들이 색불이공과 공불이색, 색즉시공과 공즉시색을 같은 의미의 반복인 것처럼 생각하는 경향이 있다. 그러나 그런 것은 결코 아니다. 즉 '물질적 존재가 공과 다르지 않다〔色不異空〕' 는 '물질적 존재가 곧 공이다〔色卽是空〕' 라는 말과 같은 말이고, '공이 물질적 존재와 다르지 않다〔空不異色〕' 는 '공이 곧 물질적 존재이다〔空卽是色〕' 라는 것과 동일한 뜻이지만, 색불이공과 공불이색, 색즉시공과 공즉시색은 차원을 달리한 의미를 지니고 있다.

그렇다면 '물질적 존재가 공' 이라는 것은 어떠한 의미인가?

우리들은 앞에서 이미 물질적 존재〔色〕의 범위와 공의 의미에 관하여 살펴보았다. 그 결과 산스크리트 어 '루파(rūpa)' 의 번역인 '색' 은 형상과 색채를 포함한 일체의 형상적 존재를 가리키고, 공은 '있다' '없다' 는 관념이 있을 수 없는 상태의 없음을 의미함을 알았다. 이제 이 물질적인 존재를 우리들이 가장 소중하게 생각하는 신체에 한정하여 그것이 왜 공인지 살펴보자.

사람들은 자기의 신체가 '있다' 고 생각하면서 살아가고 있다. 그러나 과연 신체라는 것이 자신이 생각하고 있는 것처럼 그러한 모습으로 '있다' 는 것일까! 물론 신체가 '없다' 는 것은 아니다. 그러나 '없다' 는 것이 아니기 때문에 '있다' 라고 생각하는 것은 올바른 견해 라고 할 수 없다. 그러한 사실은 가령 '죽음' 이라는 것을 생각해 보 면 확연히 드러난다.

죽음이라는 것은 누구에게나 정말 알 수 없는 존재다. 사람들은 일 반적으로 '아직은 죽을 때가 되지 않았다' 고 생각하면서 살고 있지 만, 그 삶의 사이에 죽음은 배후에서 찾아들고 그리고 돌연히 엄습한 다. 그래서 자신이 죽을 때를 알기란 그렇게 용이한 것이 아니고, 죽 음을 완전히 보는 것은 더더욱 어렵다. 그럼에도 불구하고 죽음은 반 드시 우리들에게 찾아들고, 사람들은 죽음을 이미 숙지하고 있는 것 처럼 그것을 무서워하고 있다.

무엇 때문에 사람들은 죽음을 무서워하는가? 그것은 우리들이 자 기의 육체가 있다고 보기 때문이다. 자기의 존재가 있다고 생각하는 입장에서는 그것이 죽음에 의하여 없어진다고 알 때 두렵게 마련이 다. 그러나 실제로는 죽음은 대다수의 경우 예고 없이 갑자기 찾아오 지는 않는다. 죽음은 어느 날 갑자기 생기는 것이 아니라 매일매일 늙음을 동반하여 거기에 접근해 간다. 이렇게 보면 살아 있는 자기는 '없는 것' 은 아니지만, 그렇다고 결코 무조건의 '있는 것' 도 아님을 알 수 있다. 사람의 신체란 이렇게 끊임없이 젊음을 빼앗기면서 죽어 가는 것이다.

또한 사람들은 그 육신을 자기 것이라고 생각하고 있지만, 그러나 그 자기의 신체를 소유할 수는 없다. 자신의 육체가 자기 마음대로 되지 않는 것이 그러한 사실을 잘 말해 주고 있다. 언제까지나 질병 없이 젊음을 유지하고 싶어해도 그것이 불가능한 것이다. 이렇게 자신의 육체가 자유롭게 되지 않는 점이 신체가 '있는 것'이 아니라는 증거다. 만약 '있는 것'이라고 하면 그것을 소유할 수가 있게 마련이기 때문이다. 이러한 점에서 우리들은 신체라는 물질적 존재가 공임을 알 수가 있다.

지금까지 신체라는 물질적 존재가 공이기 때문에 우리들이 그것을 소유할 수 없는 사실을 살펴보았지만, 그러나 어디 신체라는 형상뿐이겠는가. 우리들은 자기 자신까지도 공이기 때문에 소유할 수가 없다. 나이가 들어서 젊은 날의 자기를 회상해 보면 인생이 한바탕 꿈이라는 것을 모든 사람이 실감한다. 흘러가 버린 자기의 존재는 소유로서 파악할 수가 없기 때문이다.

이렇게 과거의 자기를 소유할 수 없는 것처럼, 현재의 자기도 소유할 수가 없다. 사람들은 현재 자기의 실존을 확인하고자 한다. 그러나 이것이야말로 분명한 자기 자신이라는 것을 발견할 수가 없다. 왜냐하면 현실의 자기에 있어서도 자기라는 '확실한 것'은 아무 것도 없기 때문이다.

여기에서 사람들은 항상 불안을 느끼면서 살아가게 되고, 그것으로부터 벗어나고자 노력한다. 그러나 그 불안에서 벗어나기란 그렇게 용이하지 않다. 여기에서 《반야심경》은 우리들에게 새로운 광명을 던져준다. 즉 '물질적 존재가 바로 공이다'라고 설한다. 생의 불안에서 벗어나기 위해서는 무상한 자신을 무상한 대로 받아들이라고 경은 강조한다. 무상을 무상으로 받아들이는 것에 평안한 생활이 있기 때문이다. 가령 전쟁터에서 군인이 전투에 몰입할 때 도리어 공포를 잊을 수 있는 것과 마찬가지다. 우리들은 자주 노인이 되어 신체가 노쇠해졌을 때 그것을 인정하지 않으려는 사람들을 만나게 된다. 그러나 억지로 그것을 인정하지 않으려 하는 데에 도리어 고통이 더해진다. 늙으면 육신이 노쇠한다는 사실을 인정할 때 편안함이 있는 것이다.

이렇게 공에는 '자기 것으로서 소유할 수 없다' 라는 중요한 의미가 있다. 신체는 자기 뜻대로 되지 않기 때문에 자기의 소유물이 아니다. 그러나 그것을 자기 것이라고 생각하고 있기 때문에 수족을 잃는다든가 병이 들 때에 심각한 고통에 빠지는 것이다. 마찬가지로 부모나 처자, 재산, 지위, 명예도 우리들은 자기 것이라고 생각하고 있다. 그 때문에 그것을 잃었을 때나 배반을 당했을 때에 심각한 고통에 빠지고 만다. 혹은 '잃고 싶지 않다' 고 생각해서 여러 가지로 마음을 쓴다. 모든 것을 있는 그대로의 모습으로 보면 일체가 무상한 것은 명확해진다. 자기의 신체도 자기 자신도 끊임없이 변하고 있음을 알 수 있다.

이렇게 사실을 사실로서 받아들이는 것이 공즉시색을 터득한 생활이다. 삼라만상은 무상하고 그렇기 때문에 이 세계는 공이다. 거기에는 '있음' 을 인정할 수가 없기 때문에 집착할 것이 없다. 그렇다고 허무에 빠지라는 말은 아니다. '있음' 을 인정하지 않지만, 허무에도 빠지지 않는 생활이 공의 생활이다. 무상의 세계를 무상이라고 인정하지 않는 사람에게는 공은 실현되지 않는다. 따라서 공을 발견하는 사람에게 공이 있는 것이다.

물론 변화해 가는 것을 전체로서 보면 전체로서는 있다고도 할 수 있을지 모른다. 가령 물질은 끊임없이 변화하고 있지만, 에너지로서는 존재한다고 말할 수도 있다. 그러나 그러한 전체자는 자기도 그 가운데 포함되어 있는 것이기 때문에 대상으로서 붙잡을 수 있는 것이 아니다. 소위 객관과 주관이 합일된 세계다. 성도(成道) 이전의 부처님은 보리수 아래에서 샛별이 동천에 빛나는 것을 보았다. 그러나 성도와 더불어 부처님은 동천에 자기 자신이 빛나고 있음을 보았다. 거기에는 샛별과 부처님이 하나가 되어 있었다.

【 공이 곧 물질적 존재이다 】

앞에서 필자는 색불이공과 공불이색, 색즉시공과 공즉시색은 차원을 달리한 의미를 가지고 있음을 밝혔고, 지금까지 색즉시공에 관하여 살펴보았다. 그렇다면 색즉시공과 차원을 달리하는 '공이 곧 물질적 존재(空即是色)'란 무엇인가?

이 말은 일체 모든 것이 어떤 현상으로 성립하는 이유는 그것이 공이기 때문이라는 의미다. 즉 물질적 존재의 본성이 공이 아니면 물질적 존재로서 성립될 수 없다는 공의 지혜를 의미한다. 이러한 사실들은 우리들의 일상생활에서도 흔히 접하게 된다. 가령 마음이 착하다고 하는 것은 마음의 본성이 공이기 때문에 착한 것이 성립된다. 만약 마음의 본성이 악이라고 한다면 선(善)으로 변하는 것은 불가능하다. 마음이 공이기 때문에 악인이 선인으로 될 수도 있고, 반대로 선인이 악인으로 돌변할 수도 있다.

거기에는 때를 기다릴 필요가 있다. 십 년 동안 악인으로 행사했기 때문에 선인이 되는 데 십 년이 필요한 것은 아니다. 마치 천년 동안 어둠이 점령해 있었던 동굴이라고 해서 그 어둠을 없애는데 천년이 걸릴 필요가 없는 것과 같다. 아무리 오랜 어둠도 빛이 오면 찰나에 없어진다. 이렇게 찰나에 변할 수 있는 것은 무슨 까닭인가. 그것은 바로 사물의 본성이 공이기 때문이다.

공이기 때문에 그때 그때의 현상이 진실성을 갖추고 있는 것이다. 옛 조사들은 이 사이 소식을 흔히 '버들은 푸르고 꽃은 붉다' 고 설하고 있는데, 그것이 가능한 것은 이렇게 현상의 본질이 공이기 때문이다. 만약 공의 지혜가 없으면 공을 알지 못하기 때문에 단순히 버들과 꽃을 볼 뿐이다. 버들의 푸름과 꽃의 붉음을 구별해 아는 것은 공을 통해서 아는 것이다. 이 공의 매개 없이 단순히 버들과 꽃의 구별을 아는 것만으로는 버들의 푸름, 꽃의 붉음의 참된 작용을 이해할 수가 없다.

이렇게 물질적 현상을 공의 지혜로 보았을 때 산하대지(山河大地)가 진리의 나툼이요, 일체 중생이 진리의 몸임을 알게 된다.

【 감각 · 표상 · 의지 · 인식도 공이다 】

경에서는 "공이 곧 물질적 존재이다."라고 한 다음에 "감각 · 표상 · 의지 · 인식도 또한 마찬가지다."라고 설하고 있다. 이 말은 감각에 대해서도 물질적 존재와 마찬가지로 "감각이 공과 다르지 않고, 공이 감각과 다르지 않다. 감각이 곧 공이요, 공이 곧 감각이다."라고 설하고, 표상·의지·인식에 대해서도 이같이 설한다는 의미다.

이미 우리들은 다섯 가지 모임[五蘊]의 의미에 관해서 간단하게 살펴보았기 때문에 여기서 구태여 재론이 필요하지 않을 것으로 생각한다.

그런데 문제는 물질적 존재라는 자기의 신체와 환경, 그리고 감각·표상·의지·인식이라는 자신의 마음이 본래 공이라는 사실을 모르는 데 있다. 그 까닭에 우리들은 자신을 다섯 가지 모임으로 이루어진 실재하는 화합물로 생각하고, 이러한 다섯 가지 모임을 충족시키는 데 최고의 가치를 두려고 한다. 그러나 그러한 생각이야말로 유물주의·감각주의의 출발이며, 인간성을 황폐화시키는 원인이 되고 있다. 거기에는 물질적인 풍요와 환락이 최고의 가치를 가진다. 물질적인 부와 감각적 쾌락을 대량으로 충족시키는 것이 최고의 가치가 되고 도덕이 된다. 인간이 가지는 높은 이상, 고결한 품격은 그 가치를 상실하고 만다. 요즈음 벌어지고 있는 온갖 사회악이 여기서 비롯된다. 진실로 우리들이 다섯 가지 모임이 공함에 눈뜰 때, 이 사회는 불국토가 되는 것이다.

(3) 인간의 본래 성품

◉

舍利子 是諸法空相 不生不滅 不垢不淨 不增不減

사리자여, 이 모든 법은 공상(空相)이어서 나지도 않고 없어지지도 않으며, 더럽지도 않고 깨끗하지도 않으며, 늘지도 않고 줄지도 않는다.

〔 사물의 진실한 모습 〕

앞에서 우리들은 반야경의 핵심이 되는 공(空)이 실제로 무엇을 의미하는지에 관해서 살펴보았다. 그 결과 우리들이 얻은 결론은 공은 다름 아닌 '사물의 실다운 모습'이라는 것이었다. 그런데 여기서 간과할 수 없는 것은 지금까지 말한 공은 궁극적으로 우리들 인간을 규명하기 위한 것이라는 사실이다. 즉 인간이란 도대체 어떤 존재인가 하는 것을 규명하여 얻은 결론이 공이라는 것이다. 따라서 공이 '사물의 실다운 모습'이라는 정의는 달리 표현하면 공이야말로 '인간의 본래 성품'이라고 할 수 있다. 그리고 이러한 등식은 우리들의 본성이 어떤 것인지를 알기 위해서는 공이 가지고 있는 속성을 이해함에 의해서 가능하다는 것을 말해준다.

그렇다면 공은 어떠한 속성을 가지고 있는가? 물론 공의 속성을 한마디로 말한다는 것은 용이하지 않다. 왜냐하면 공이란 사색의 대상이 아니기 때문이다. 공은 유(有)와 무(無)를 벗어나 있고, 따라서 유와 무의 개념에서 파악할 수 있는 성질의 것이 아니고 언설(言說)을 여의고 있기 때문이다.

그러나 그렇다고 해서 경전에서 이 부분에 관하여 언급을 피하고 있는 것은 아니다. 《반야심경》에서는 "이 모든 법은 공상(空相)이어서 나지도 않고 없어지지도 않으며, 더럽지도 않고 깨끗하지도 않으며, 늘지도 않고 줄지도 않는다."고 설하여, 공의 모양을 세 가지로 설명하고 있다.

여기서 우리들은 먼저 '법(法)'이라는 말을 만나게 되는데, 이 법이라는 개념을 명확히 해둘 필요가 있다. 법이라는 말은 산스크리트어 다르마(dharma)를 번역한 것으로 많은 의미를 함축하고 있기 때문에 해석하기가 곤란한 점이 있지만, 대체로 ①법칙·기준, ②도덕·종교, ③속성·성격, ④가르침, ⑤진리·최고의 실재, ⑥경험적 사물, ⑦존재의 형태, ⑧존재의 요소 등의 의미로 쓰여지고 있다.

법의 의미를 경문의 "이 모든 법은 공상이어서〔是諸法空相〕"에 대입해 보면, '모든 법〔諸法〕'이란 존재의 형태나 요소를 말하고, '공'이란 속성이나 성격을 말하고 있음을 알 수 있다. 그리고 '모든 법은 공상〔諸法空相〕'은 실상의 진리 혹은 최고의 실재를 가리키고 있다. 즉 경에서는 공이야말로 모든 사물의 실다운 모습이라고 규정하고, 사물의 진실한 성품인 공의 모습을 세 가지로 설명하고 있다. 첫째, 생기는 것도 아니고 없어지는 것도 아니다. 둘째, 더러운 것도 아니고 깨끗한 것도 아니다. 셋째, 늘어나는 것도 아니고 줄어드는 것도 아니다.

다시 말해서 인간의 본래 성품은 '나지도 않고 없어지지도 않으며, 더럽지도 않고 깨끗하지도 않으며, 늘지도 않고 줄지도 않는 것' 이라는 세 가지 속성을 가지고 있다고 규명되어 있다. 그렇다면 그 구체적인 의미는 무엇인가?

【 본성의 영원성 】

공의 세 가지 속성 가운데 첫째는 '나지도 않고 없어지지도 않는다' 는 것이다. 우리들은 종종 생자필멸(生者必滅)이라는 말을 듣는다. 이것은《대반열반경(大般涅槃經)》제2〈수명품(壽命品)〉에 있는 유명한 말인데, 생긴 존재는 반드시 그 마침인 죽음이 있다는 뜻이다. 무릇 세상만사는 시작이 있으면 끝이 있고, 생(生)이 있으면 멸(滅)이 있게 마련이다. 그런데 이 말을 달리 표현하면 멸이 있다는 것은 생이 있기 때문이라고 할 수 있다. 따라서 만약 생이 없다면 멸 또한 있을 수가 없는 것이다. 그렇다면 과연 사물은 어떻게 생기는 것인가?

사물은 인연에 의해서 생기고, 인연에 의해서 멸하기 때문에 생겼다고 말해도 거기에 고정적인 것은 없고, 멸했다고 해도 허무단멸(虛無斷滅)은 아니며, 모양을 바꾸어서 다음의 존재로 연결해 간다. 때문에 완전한 멸(滅)은 없는 것이다. 예를 들어 집이 생겼다고 말해도 많은 재료가 모여서 집이 된 것이기 때문에 재료의 입장에서 볼 것 같으면 이미 이전부터 있는 것이 된다. 그렇지만 집이 되었다고 해도 언제 완성된 것인지를 정확하게 결정할 수는 없다. 집이 멸할 경우에도 마찬가지의 사정이 나타난다. 그렇지만 해인사와 같은 오래된 건조물의 경우에는 수선할 때에 벌레 먹은 목재 등을 갈아 끼우기 때문에 상당한 부분이 새로운 재료로 교체되어 있다고 할 수 있다. 이것은 인간의 신체의 경우에도 마찬가지다. 우리들의 신체가 신진대사에 의해서 부분이 끊임없이 교체된다고 하는 것은 말할 필요도 없다. 그 때문에 신체의 조직은 수년 사이에 완전히 교체된다고 하겠다.

이렇게 보면 생긴다든가 멸한다고 하는 것은 현상 그 자체가 아니고, 현상의 변화를 인식하는 주관적인 인식의 형태에 지나지 않음을 알 수 있다. 따라서 생(生)·멸(滅)이 외계(外界)에 사실로서 있는 것은 아니다. 싹이 난다는 것은 종자가 멸하는 것을 의미한다. 그것을 싹이 난다고도 볼 수 있지만, 종자가 멸했다고도 볼 수 있다. 새로운 것의 생기(生起)에는 오래된 것의 멸이 뒤따른다. 회사에서도 퇴직하는 사람이 있기 때문에 신입사원이 있다. 학교도 졸업하는 사람이 있는 까닭에 신입생이 들어온다. 이렇게 해서 조직의 내부는 끊임없이 변동하는 것이고, 그것에 의해서 전체로서도 변하는 것이다. 한 그루의 나무에서 보면 새로운 싹이 나서 나무가 생겼다고 말할 수 있지만, 숲 전체로 보면 숲은 전부터 있는 것이고, 내부의 변화가 있음에 지나지 않는다. 우리들의 신체를 세포로서 볼 것 같으면 생기는 것도 있고 멸하는 것도 있지만, 신체 전체로서 보면 단지 변화가 있음에 지나지 않는다. 이렇게 보는 곳이 다르면 견해도 달라진다. 따라서 절대적으로 생이나 멸을 인정할 수는 없는 것이고, 생멸은 상대적인 것이다. 연이 모이면 생기고 연이 흩어지면 멸하는 것이다.

존재의 생멸변화를 연기로서 관찰하는 것에는 절대적인 생이나 멸은 인정되지 않는다. 고정적인 것이 있다면 공은 아니지만, 그러나 모든 것이 유동적이라고 하면 어떤 것이 '있다' 라고 말할 수는 없다. 유동적인 것은 주어가 될 수 없기 때문이다. 끊임없이 변모해 가기 때문에 '이것은 있다' 라고 말할 수 없다. 그러나 물론 '없다' 라고도 말할 수 없다. 이 유와 무를 초월한 것으로 존재를 이해하는 것이 존재를 공의 입장에서 보는 것이다.

따라서 생(生)이란 본래 없는 것이다. 본래 태어남이 없기 때문에 죽음이 있을 수 없는 것이다. 즉 태어남이 없음이 바로 죽음이 없음이다. 이것이 바로 '나지도 않고 없어지지도 않는다' 는 것이다. 여기서 공이 가지는 영원성(永遠性)을 발견하게 된다. 여기서 우리들은 우리들의 본성(本性)이 본래 시간과 공간을 초월한 영원하고 무한한 것임을 알게 된다.

【 본성의 청정성 】

공의 세 가지 속성 가운데 두 번째는 '더럽지도 않고 깨끗하지도 않다' 는 것이다. 이 말 역시 근본은 인간의 본래 성품은 더럽지도 않고 깨끗하지도 않다라는 말이다. 산스크리트 본(本)에서는 이 부분이 "더럽혀진 것도 아니고 더러움을 여읜 것도 아니다." 라고 되어 있는데, 그 의미는 한역(漢譯)의 불구부정(不垢不淨)과 차이가 없다. 즉 모든 것[諸法]은 '더럽혀진 것도 아니고 더러움을 여읜 것도 아니다' 라는 말은 한국어로 모든 것은 '더럽지도 않고 깨끗하지도 않다' 라고 번역해도 의미상 차이가 생기는 것은 아니다.

그렇다면 인간의 본성이 더럽지도 않고 깨끗하지도 않다는 것은 무슨 의미인가? 이것은 인간의 본성이 지니고 있는 청정성(淸淨性)을 말한다. 그러나 여기서 말하는 청정이란 더러움의 반대 개념인 깨끗함을 말하는 것은 아니다. 우리들은 일반적으로 사물을 대할 때 상대적인 입장에 서서 그것을 파악하고 거기에 가치를 부여한다. 그리고 이러한 상대적인 가치판단에 의해서 거기에 맞는 행동을 하게 된다. 가령 어떤 사람의 키가 크다든가 혹은 작다고 할 때 거기에는 반드시 그 사람이 생각하고 있는 보통의 키가 있고, 그것보다 클 때는 크다고 말하고 그렇지 않을 때는 작다고 말한다. 어떤 물건이 깨끗한가 더러운가 하는 것도 언제나 상대적이다. 아스팔트 위에는 앉을 수 없고 의자에는 앉을 수 있다는 생각은 단지 의자가 아스팔트보다 깨끗하다고 판단하기 때문이다. 그러나 어떤 사람은 땅바닥에는 앉지 않지만 아스팔트 위에는 앉는다. 왜냐하면 아스팔트가 땅바닥보다는 깨끗하다고 생각하기 때문이다.

인간의 본성이 청정하다는 것은 이러한 상대적인 입장에선 깨끗함이 아니다. 인간의 본성은 때묻을 수 없고 물들 수 없으며 더러워질 수 없다는 것이다. 그것은 영원한 청정자이므로 다시 깨끗해질 수 있는 어떤 것이 아니다. 그렇다면 인간의 본성이 본래 청정하다는 것은 우리들의 삶과 어떠한 연관을 가지고 있는가?

우리들이 눈에 보이는 사물을 구별할 때 상대적인 입장에서 그 깨끗함과 더러움을 판단한다고 앞에서 말했지만, 그러나 이러한 상식적인 가치판단은 비단 외형적인 사물에만 국한되는 것은 아니다. 우리들이 사람을 판단할 때, 비록 눈에는 보이지 않지만 그 사람이 가지고 있는 인품이라든가 학력이라든가 혹은 가문으로 평가하는 것은 흔히 있는 일이다.

그래서 자기도 모르는 사이에 다른 사람의 가치를 그 출신 성분이나 사회적 신분으로 규정해 버리는 것이다. 우리 나라에 옛날부터 있어 왔던 양반이나 상민의 구별은 하나의 좋은 예라고 할 수 있는데, 그렇다고 해서 지금은 그러한 경향이 전혀 없는 것도 아니다. 아니 이러한 경향이 심화되어 지금도 세계 도처에는 인종에 대한 차별이 엄연히 존재하고 있고, 그 때문에 많은 사람들이 박해를 받고 있다.

이렇게 인종에 대한 차별이나 계급에 의한 차별의 관념이 생기는 직접적인 원인은 사람들이 태어나면서부터 청정하다든가 태어나면서부터 더럽다든가 하는 견해를 가지고 있기 때문이다. 이것은 전혀 근거가 없는 편견이지만, 그러나 많은 세대에 걸쳐서 승인되어 있으면 근거 없는 편견이라도 실체가 있는 것처럼 느껴지는 것이다. 즉 근거가 없는 것을 억지로 인정하여 그 편견에서 벗어나지 못하는 것이다.

그러나 인간이 태어나면서부터 청정하고 태어나면서부터 더럽혀져 있다고 하는 것은 있을 수 없다. 이러한 입장에서 '더럽지도 않다' 라는 말을 다시 보면, 이것은 '태어나면서부터 더럽혀져 있다' 라는 것을 부정하는 것이라고 할 수 있다. 자신은 최상의 혈통을 지닌 가문이다, 다른 가문은 열등하다, 우리 가문만이 청정하고 다른 가문은 그렇지 않다고 자기의 출생을 뽐내고 다른 가문을 경멸한다. 이 태어나면서부터 청정하고 태어나면서부터 더럽혀져 있다고 하는 것이 계급적 편견이다. 이것을 부정하는 것이 '더럽지도 않다'는 것이다. 따라서 이 '더럽지도 않다'는 것 가운데는 '깨끗하지도 않다', 즉 태어나면서부터 청정하지 않다는 의미도 포함되어 있다고 보아도 좋다.

이것이야말로 영원한 인간 무죄의 선언이다. 인간 본본, 진실면목은 실로 죄를 지려야 죄 지을 수 없는 청정자이다. 규정할 자가 없는 자존자(自存者)이다. 그는 영원한 자유자재자이다. 이 청정자재자가 인간의 본래면목이다. 이것을 깨달으면 일체의 고뇌에서 벗어난다. 인간에게 있어서 죄의식·부정의식이 괴로움을 부른다. 무죄의식·무부정의식도 마찬가지로 자유를 속박한다. 본래로 청정한 본래면목의 실상을 요달할 때 비로소 무량청정은 강물처럼 넘쳐 나온다.

다음으로 '깨끗하지도 않다'는 산스크리트 본에서는 "더러움을 여의고 있는 것도 아니다."라고 하여 단순히 청정을 부정하고 있는 것은 아니다. 여기서 말하는 '더러움을 여의고 있다'란 어떠한 악이나 죄를 행해도 죄에 더럽혀질 수 없다는 의미를 담고 있다고 볼 수 있다. 부처님 당시 일부의 바라문은 출생에 의해서 청정하기 때문에 어떤 악을 행해도 죄에 더럽혀지지 않는다고 생각하고 있었다. 여기에 대해서 부처님은 어떠한 종성의 출생이라도 생명을 죽이고 도적질을 하며 사음을 하고 거짓말을 하는 등의 악행을 행하면 죄에 더럽혀진다고 설하여, 죄에 더럽혀지지 않는다고 보는 편견을 타파했다. 즉 《숫타니파타》에서는 다음과 같이 설하고 있다.

출생에 의해 천한 사람이 되는 것이 아니고, 출생에 의해 바라문이 되는 것도 아니다. 그 행위에 의해서 천한 사람도 되고 바라문도 되는 것이다. 〈136〉

출생에 의해 바라문이 되는 것도 아니다. 출생에 의해 바라문이 되지 않는 것도 아니다. 행위로 인해 바라문이 되고, 행위로 인해 바라문이 안 되기도 하는 것이다. 〈650〉

행위에 의해 농부가 되고 행위에 의해 기능인이 되며, 행위에 의해 장사치가 되고 행위에 의해 고용인이 된다. 〈651〉

행위에 의해 도둑이 되고 행위에 의해 무사가 되며, 행위에 의해 제관이 되고 행위에 의해 왕이 된다. 〈651〉

부처님은 인간은 출생에 의해서 더렵혀지는 것이 아니라 더러운 행위에 의해서 더렵혀지고, 청정한 행위에 의해서 정화되는 것이라고 설하고 있다. 즉 아무리 훌륭한 가문의 출신이라 해도 악을 행하면 죄에 더렵혀진다는 것이다. 따라서 '더럽지도 않고 깨끗하지도 않다' 란 선(善)에도 물들지 않고 악(惡)에도 물들지 않는다는 의미는 아니다. 태어나면서부터 더렵혀져 있는 사람이 아니기 때문에 어떠한 사람도 선을 행함에 의해서 청정해질 수 있다. 또한 태어나면서부터 청정한 사람이 따로 있는 것이 아니기 때문에 어떠한 사람도 악을 행하면 죄에 더렵혀짐을 면할 수 없음을 의미하고 있다. 여기에서 인연에 의해서 선이 되기도 하고 인연에 의해서 악이 되기도 한다는 공의 사상이 보인다.

【 본성의 원만구족성(圓滿具足性) 】

마지막으로 공이 가지는 세 번째 속성은 '늘지도 않고 줄지도 않는다'는 것이다. 앞 항에서 살펴본 '더럽지도 않고 깨끗하지도 않다'는 부분이 인간의 본성이 가지고 있는 질(質)의 문제라면 이 '늘지도 않고 줄지도 않는다'는 것은 인간의 본성이 지니고 있는 양(量)에 관한 문제다. '더럽지도 않고 깨끗하지도 않다'는 말이 질적으로 상대적인 개념을 초월한 절대청정을 말하는데 비해 이 '늘지도 않고 줄지도 않는다'란 것은 양적으로 상대적인 개념을 초월한 무한을 말하고 있다.

사람들은 살아가면서 질적으로 좋고 훌륭한 것을 선호하듯이 양적으로 좀 더 많은 것을 바란다. 우선 물질적으로 재산이나 돈의 많고 적음을 구별하고, 그것에 관하여 우리들은 증가했다든가 줄었다든가 말하며 기뻐하기도 하고 슬퍼하기도 한다. 다음으로 정신적으로 복덕이 많다거나 적다고 할 때도 마찬가지 상황이 일어난다. 거기에는 언제나 어떤 기준을 나름대로 설정해 두고 많고 적음을 판단하여 부러워하기도 하고 안타까워하기도 한다.

그러나 그 많고 적음은 언제나 상대적이다. 거기에는 그 사람만의 기준이 있을 뿐 절대적인 기준은 있을 수 없다. 가령 일억 원이라는 돈은 대부분의 사람에게는 큰 돈임에 틀림이 없다. 그러나 그 일억 원을 그렇게 많지 않은 돈이라고 생각하는 사람도 틀림없이 있다. 일억 원은 수량의 면에서는 누구에게도 마찬가지지만, 그러나 감정으로서는 사람에 따라서 여러 가지로 차이가 있을 수밖에 없다. 여기에서 우리들은 복덕에 실체가 없고, 나아가 재산이나 돈에 실체가 없는 것을 알게 된다.

그런데도 불구하고 우리들은 어떻게 생각하며 살고 있는가? 대다수라고는 말할 수 없지만 재산을 지나치게 아끼는 사람, 지나치게 돈에 집착하는 사람이 있는 것을 부정할 수는 없다. 그러나 그것은 고통의 원인이 된다. 인간은 사치를 하면 한이 없지만, 그러나 일생 동안 입는 옷이나 먹는 음식물에는 스스로 한도가 있다. 아무리 무리를 해서 먹어도 밥을 매일 한 말씩 먹을 수는 없다. 사치를 하든 평범하게 살든 먹는 것이나 입는 것은 어느 정도밖에 차이가 나지 않는다. 즉 절도 있는 생활을 하면 알맞은 재산으로 곤란하지 않는 생활을 할수가 있고, 열심히 일하는 가운데서는 재산의 증감에 마음을 기울일 필요는 없는 것이다.

그러한 사람은 가령 얼마 안 되는 재산을 가지고 있어도 마음은 부자인 셈이고, 세상의 재산가를 능가하고 있다고 해도 좋다. 물론 현실에 재산이 있는 것도 중요하다. 그러나 그것보다도 더욱 중요한 것은 그 재산으로 마음이 풍부한 생활을 하는 것이다. 재산이 아무리 있어도 수전노라면 재산이 아까워서 사용하지 못하기 때문에 마음의 차원에서는 재산가라고 말할 수 없다. 재산을 가지고 있으면서도 굶어 죽는 사람과 같다. 이렇게 보면 재산의 증감에 마음을 번거롭게 하지 않는 것이 '늘지도 않고 줄지도 않는다'의 의미라고 해도 지나친 말은 아닐 것이다.

이처럼 '늘지도 않고 줄지도 않는다'란 말은 인간의 욕망에 관한 것이다. 인간은 간단히 '욕망이 바로 자신이다'라고 생각해 버리지만, 그러나 욕망과 자기는 다르다. 이 점을 확실히 할 필요가 있다. 가령 쇼윈도의 아름다운 보석을 보고서 욕망은 그것을 가지고 싶다고 생각하지만, 우리들의 이성은 그것이 타인의 것임을 생각하여 그렇게 해서는 안 된다고 욕망을 억제한다. 즉 자제력으로 욕망을 억제하고 중용 있는 생활을 유지하는 것이다. 여기서 욕망과 자기가 별개임을 알 수 있다.

만약 우리들이 욕망대로 행동하면 몸의 파멸이 오게 된다. 왜냐하면 욕망에는 한이 없고, 따라서 욕망대로 생활하고 있다면 만족할 때는 없기 때문이다. 마음에 만족이 없으면 행복은 없다. 사람은 만족에 의해서 행복을 맛볼 수 있기 때문이다. 일반적으로는 '욕망의 만족이 행복이다' 라고 생각하지만, 욕망에 한이 없다고 하면 만족을 욕망으로부터 단절해서 생각할 필요가 있다. 즉 물질이 풍부하다고 해도 그것만으로 인간이 행복하게 되는 것은 아니다. 거기에 만족하는가 아닌가에 따라서 행·불행이 정해지는 것이다.

이렇게 '늘지도 않고 줄지도 않는다' 는 것은 양적인 것에 대하여 공성(空性)을 보여 준다. 공이란 본래 완성이고 스스로 모든 것을 다 갖추고 있는 것이다. 우리들이 생각할 수 있는 일체 모든 것을 전부 내포하고 있는 것이 공이다. 따라서 온갖 법이 공에 의해서 창출되는 것이다. 우리의 본성은 공이다. 우리의 본성이 공이기 때문에 공이 가지고 있는 온갖 덕성을 가지게 된다. 여기서 인간의 본성이 지니고 있는 원만구족성(圓滿具足性)을 발견하게 된다.

《육조단경(六祖壇經)》 〈오법전의(悟法傳衣)〉 제1은 혜능(慧能) 조사가 오조홍인(五祖弘忍) 대사에게서 《금강경》의 강설을 듣고 깨달음을 얻어 그 징표인 의발(衣鉢)을 받는 사정을 전하고 있다. 그때 혜능 조사는 《금강경》의 "마땅히 머무르는 바 없이 그 마음을 낼지니라." 하는 부분에 이르러 대오(大悟)하여 홍인 대사에게 다음과 같이 말씀 드린다.

어찌 자성이 본래 스스로 청정함을 알았으며, 어찌 자성이 본래 생멸하지 않는 것임을 알았으며, 어찌 자성이 본래 스스로 구족함을 알았으며, 어찌 자성이 본래 동요가 없음을 알았으며, 어찌 자성이 능히 만법을 냄을 알았겠습니까!

이 언구는 제법이 공한 이 본래의 소식을 잘 설파하고 있다. 자신의 성품이 부처님의 성품, 즉 불성과 다르지 않다. 본래 청정하고 본래 생멸하지 않으며, 본래 모든 덕성을 갖추고 있다. 그래서 능히 일체 만법이 자신의 본성에서 나옴을 철견(徹見)함이 바로 깨달음이라고 한 것이다.

우리들이 불교에 귀의하여 부처님께 기도한다는 것은 어디에 근거하는가? 그것은 우리들이 추구하는 온갖 공덕을 부처님이 하나도 빠짐없이 온전히 갖추고 있다는 믿음에서 가능하다. 만약 부처님이 어느 한 부분이라도 그 덕성에 부족함이 있다고 하면 어떻게 될까? 가령 부처님에게 늙음이 있고 병이 있고 죽음이 있으며, 티끌 만한 탐욕심이라도 있다고 하면 과연 부처님을 향해서 기도할 마음이 생기겠

는가. 부처님에게 질투심이 있고 혹은 부처님이 어떤 경우에는 화를
내는 분이라고 한다면, 우리들에게서 귀의하는 마음이 생기겠는가.
그렇지 않을 것이다.

다른 신(神)과는 달리 우리들이 귀의한 부처님은 온갖 선한 덕성만
온전히 갖추고 계신 분이다. 부처님은 우래 늙음과 병과 죽음이 없고
탐욕과 성냄과 어리석음이 없으며, 끝없는 지혜와 자비만을 갖춘 분
이기 때문에 우리들은 기도를 통하여 부처님의 온전한 덕성을 자기
것으로 할 수가 있는 것이다.

지금까지 우리들은 인간의 본성이 나지도 않고 없어지지도 않는
영원한 것이고, 더럽지도 않고 깨끗하지도 않는 청정한 것이며, 늘지
도 않고 줄지도 않는 원만구족한 것임을 살펴 왔다. 이것은 또한 우
리들의 본성이 다름 아닌 부처님이라는 것이다. 여기서 부처님이 지
니신 온갖 덕성은 사실은 우리들 자신의 덕성임이 드러난다. 나의 생
명이 부처님의 무량한 공덕생명과 동일함을 알게 된다. 겉으로 보아
서 탐내고 성내고 어리석음으로 인한 온갖 번뇌에 휘둘린 범부 중생
인 것처럼 생각될지 모르지만, 사실은 부처님의 생명과 조금도 다름
없는 공덕이 충만한 생명임을 보게 된다.

(4) 모든 법의 무(無)와 연기(緣起)

◉

是故 空中無色 無受想行識 無眼耳鼻舌身意 無色聲香味觸

法 無眼界 乃至 無意識界

이런 까닭에 공 가운데는 물질적 존재도 없고, 감각·표상·
의지·인식도 없으며, 눈·귀·코·혀·신체·마음도 없고,
형태·소리·냄새·맛·감촉·마음의 대상도 없으며, 눈의
요소도 없고 나아가 마음으로 인식하는 요소까지도 없다.

【 일체 모든 것은 없다 】

지금까지 우리들은 다섯 가지 모임이 공(空)임을 살펴보았는데, 여
기서는 다시 공 가운데는 다섯 가지 모임뿐만 아니라 열두 가지 영역
〔十二處〕과 열여덟 가지 요소〔十八界〕까지도 '없다'고 설하고 있다.

먼저 다섯 가지 모임이란 이미 설명한 것처럼, 물질적 존재〔色
蘊〕·감각〔受蘊〕·표상〔想蘊〕·의지〔行蘊〕·인식〔識蘊〕이다

다음으로 열두 가지 영역이란 여섯 가지 감각기관〔六根〕과 이 감각
기관의 여섯 가지 대상〔六境〕을 말하는데, 이것을 육내처(六內處)와
육외처(六外處)라 부르기도 한다.

　　육내처 : 눈의 영역〔眼處〕·귀의 영역〔耳處〕·코의 영역〔鼻處〕·혀의
　　　　　영역〔舌處〕·신체의 영역〔身處〕·마음의 영역〔意處〕

　　육외처 : 색깔과 형태의 영역〔色處〕·소리의 영역〔聲處〕·냄새의 영역
　　　　　〔香處〕·맛의 영역〔味處〕·접촉의 영역〔觸處〕·생각되어지
　　　　　는 영역〔法處〕

세 번째인 열여덟 가지 요소란 경에서는 중간을 '내지(乃至)'란 말로 생략하고 있는데, 전부를 표시하면 다음과 같이 구별할 수 있다.

감각기관〔根〕: 눈의 요소〔眼界〕·귀의 요소〔耳界〕·코의 요소〔鼻界〕·혀의 요소〔舌界〕·신체의 요소〔身界〕·마음의 요소〔意界〕

대상〔境〕: 색깔과 형태의 요소〔色界〕·소리의 요소〔聲界〕·냄새의 요소〔香界〕·맛의 요소〔味界〕·접촉의 요소〔觸界〕·생각되어지는 요소〔法界〕

인식〔識〕: 눈으로 인식하는 요소〔眼識界〕·귀로 인식하는 요소〔耳識界〕·코로 인식하는 요소〔鼻識界〕·혀로 인식하는 요소〔舌識界〕·신체로 인식하는 요소〔身識界〕·마음으로 인식하는 요소〔意識界〕

이 다섯 가지 모임, 열두 가지 영역, 열여덟 가지 요소는 '온(蘊)·처(處)·계(界)'라고 하고 합쳐서 '삼과(三科)'라고 말하는데, 이것들은 소승불교의 교리체계를 형성하는 중요한 골격이 되고 있다. 따라서 소승불교에서는 일체의 모든 것을 이 '온·처·계'로 포괄해서 설명하고 있다. 그런데 《반야심경》에서는 이러한 것들이 '본래 없다'고 천명하고 있다. 즉 소승불교에서 내세우고 있는 세계관의 골격을 전면에서 부정하고 있다. 여기에서 우리들은 소승불교의 교리체계 골격인 '온·처·계'를 없다고 부정하게 되는 과정과 그 이유를 살펴볼 필요를 느끼게 된다.

위에서 이미 공(空)의 개념과 의미에 관해서는 충분히 고찰한 바 있지만, 그러나 사실 공사상(空思想)은 반야경을 비롯한 대승경전이 특히 강조한 사상일 뿐 그것이 부처님의 가르침과는 다른 새로운 설을 내세운 것은 결코 아니다. 오히려 부처님의 가르침에 대한 본질이 이 공사상에 의해서 새롭게 전개되고, 공을 통해서 그 진의(眞意)가 밝혀졌다고 할 수 있다. 물론 이렇게 공사상에 의해서 부처님의 가르침에 대한 본질이 새롭게 규명되기 시작하는 데는 거기에 상응한 이유가 있었을 것이다.

우선 생각해 볼 수 있는 것으로 부처님께서 입멸하신 후 이미 수백 년 이상이 경과한 당시로서는 역사적으로도 사회적으로도 사정은 변화하여 종교나 철학 등의 사상계가 부처님 당시와는 현저하게 달랐다는 점이다. 당연히 거기에는 새로운 문제도 생기고 또한 여러 가지 과제도 제출되었다. 따라서 반야경을 선구 경전으로 하는 대승불교의 공사상은 원시불교와 어느 부분에서는 일맥상통하면서 원시불교를 계승한 부파불교, 즉 소승불교의 잘못된 점을 비판하고 공격하는 형식을 취하게 된다.

예를 들어 구별의 철학에 대한 비판이다. 구별의 철학은 범주를 갖고 존재를 분석하고 사물을 구별하는 견해다. 성스러운 것과 속된 것은 완전히 다른 것, 번뇌와 해탈이나 깨달음, 혹은 생사와 열반은 전혀 다른 것, 혹은 선은 악과 다른 것이라고 하는 형식으로 사물을 항상 구별하고 있다. 때문에 종교적인 세계와 세속적인 세계는 전혀 별개의 것이라고 구별한다. 이러한 사고방식이 어떻게 성립되었는가?

부처님의 가르침 중에는 기본적인 원칙이 되는 것이 있다. 그것은 '모든 것은 무상(無常)하고 고(苦)이며 무아(無我)이다' 라는 것으로, 이 세 가지 명제는 《아함경(阿含經)》 가운데 빈번히 나오고 있다. 이 것은 병렬적(竝列的)으로 '모든 것은 무상하고, 모든 것은 고이며, 모 든 것은 무이다' 라는 형식으로 말하는 것도 있지만, 모든 것은 무상 하고 무상하기 때문에 고이고 자신의 고통을 어쩔 수 없는 우리들의 속에 자재한 주체로서의 자아(自我)·영혼(靈魂)·아트만(ātman)이 있을 수 없다는 형식으로, 즉 무상이 고와 무아의 근거로서 취급된 것도 있다. 어떻든 모든 것이 무상하다는 것은 부처님의 기본적인 가 르침이다.

그런데 부처님께서는 단지 모든 것은 무상하다고 할 뿐만 아니라 무상한 것은 전부 고통이고 무아라고 설하신다. 때문에 무상한 세계 를 초월해서 열반의 세계로 가지 않으면 안 되고, 절대의 평안에 도 달하지 않으면 안 된다고 하는 것이다. 그렇다면 거기에는 한편으로 모든 것은 무상하다고 하면서 그 무상하고 고통인 세계를 초월한 열 반, 즉 항상(恒常)의 세계를 설하고 있는 것이 된다. 즉 부처님께서는 모든 것은 무상하다고 말하면서 동시에 무상이 아닌 열반세계의 존재 도 가르치고 있다.

부파불교시대가 되면 사람들은 이 모든 것이 무상한 것과 무상하지 않는 세계는 서로 모순을 가지고 있다는 데 관심을 가지게 된다. 그래 서 지금까지의 '모든 것은 무상하다. 모든 것은 무아다' 라는 형식의 말을 바꾸어서 '제행무상(諸行無常)·제법무아(諸法無我)'라고 말하게 된다. '행(行, saṃskāra)'이라는 것은 '만들어진 것'의 의미이기 때문에 '제행무상'이란 '모든 만들어진 것은 무상하다'라는 것이 된다.

한편 법(法, dharma)이란 말은 앞에서 이미 살펴본 바와 같이 여러 가지 의미가 있지만, 지금의 경우에는 '존재하는 것'의 의미로서 이 것은 '만들어진 것'보다도 그 범위가 넓고 큰 개념이다. 다시 말하면 존재하는 것에는 만들어진 것과 만들어진 것이 아닌 것의 두 종류가 있을 수 있다. 그 가운데 만들어진 것, 즉 유위(有爲)의 존재는 무상하지만 만들어진 것이 아닌 것, 즉 무위(無爲)의 존재는 무상하지 않고 항상하다. 그러나 무아라는 것은 유위와 무위의 양쪽에 해당한다. 때문에 유위든 무위든 모든 존재(法)는 무아다. 이런 의미에서 '제행무상·제법무아'라고 말하지 '제법무상'이라고는 결코 말하지 않는다.

여기에서 사람들은 유위와 무위, 다시 말하면 무상(無常)과 항상(恒常)이라는 두 세계의 존재에 눈을 돌리게 되고, 따라서 무상한 세계 외에 항상한 세계가 있음을 발견한 것이다. 그러나 《반야심경》은 무상과 항상의 두 존재를 다 같이 '무(無)'라고 한다.

〖 무위법 〗

위에서 설명한 것처럼 소승불교에서는 일체의 존재를 무상한 것과 항상한 것의 둘로 구분하는데 무상한 것을 유위법(有爲法), 항상한 것을 무위법(無爲法)이라 부른다. 여기서 말하는 무위란 '만들어진 것이 아닌 것'이고, '제행무상'의 범주에 속하지 않는 것이다. 따라서 무상변화하지 않는 영원한 법이 무위법이다.

그렇다면 어떠한 것이 만들어진 것이 아닌 영원한 법인가? 학파에 따라서 조금씩의 차이는 있지만, 소승불교에서는 대체로 다음과 같은 세 가지의 무위를 말하고 있다.

① 허공(虛空)
② 택멸(擇滅=涅槃)
③ 비택멸(非擇滅)

첫 번째의 '허공'이란 공간을 말한다. 다른 것을 막지 않고 어떤 것에 막히지도 않으며, 물질과 마음의 일체를 받아들이는 것이 허공이다. 또한 허공은 변화하지 않는다. 이렇게 상주하기 때문에 허공을 무위법이라 한다.

두 번째의 '택멸'은 택력(擇力)으로 얻어진 멸(滅)의 의미로, '택력'이란 지혜를 가지고 여러 가지 법을 구별하여 사고하는 힘을 말하고, 이 지혜에 의해서 얻어진 번뇌의 멸을 택멸이라 한다. 지혜의 힘으로 번뇌를 완전히 소멸하여 다시는 생겨나지 않게 된 상태가 택멸이다. 이렇게 마음이 번뇌의 속박으로부터 해탈하여 완전한 자유를 맛보는 세계가 택멸이기 때문에 이것을 열반이라고도 한다. 이 열반의 자리는 무상을 넘어선 곳이기 때문에 무위법이라 하는 것이다.

세 번째로 '비택멸'이란 택력, 즉 지혜의 힘에 의하지 않고 얻은 멸이라는 의미다. 일체 모든 것은 과거에 지은 행위가 인연을 만나서 현재나 혹은 미래에 생기기도 하고, 생겨난 순간에 바로 멸하여 없어지기도 한다. 그러나 만약 생겨야 할 인연이 부족할 때는 다른 조건들이 그 인연의 화합을 방해하므로 현재에는 그 일이 절대로 나타나지 않게 된다. 이렇게 당연히 발생해야 했던 어떤 일들이 예기치 못한 상황 등으로 인하여, 즉 인연이 없어서 생기지 않게 되는 것을 비택멸이라 한다.

가령 삼풍백화점 붕괴사건에서 살아난 24명의 생명은 그 좋은 예라고 할 수 있다. 대형참사에서 많은 사람이 죽었고, 24명이라는 적지 않은 사람이 집단으로 생환한다는 것은 거의 불가능하다고 할 수 있다. 그러나 그들은 아직 죽을 인연이 아니었기 때문에 구사일생으로 살아났고, 그 시점에서 죽음을 면한 것은 두 번 다시 오지 않는다. 시간은 되돌릴 수 있는 것이 아니기 때문에 붕괴되는 삼풍백화점 안에 머무른다는 것은 영구히 생기지 않는다.

이러한 일들은 우리들의 일상사에서 얼마든지 벌어진다. 취직시험을 보기 위해 시간에 맞추어 전철을 기다리고 있는데 갑작스런 정전으로 전철이 제 시간에 오지 않아서 시험을 보지 못하는 경우, 그로 인해 그 사람의 운명이 바뀌기도 한다. 혹은 전달사항을 듣지 못해서 인생이 바뀌기도 한다. 사람이란 소리가 들리면 거기에 응해서 귀의 인식작용이 생겨 그 소리를 듣는 것인데, 바로 그때 동료 여직원의 아름다운 자태에 마음을 빼앗겨 그것을 보는 눈의 인식작용이 일어났다면 소리는 있어도 그것을 요별하는 귀의 인식작용은 일어나지 않는다. 이 경우의 귀의 인식작용도 기회를 잃어서 영구히 일어나지 않게 되고, 따라서 직장을 잃을지도 모른다.

이렇게 비택멸이라는 것은 깨달음의 지혜와는 관계가 없지만, 한 번 결정되어 멸해진 것은 다시 생기지 않는다는 점에서 이것을 무위법이라 한다.

이상의 세 가지 무위는 다섯 가지 모임에는 포함되어 있지 않다. 그러나 열두 가지 영역과 열여덟 가지 요소에서는 세 가지 무위가 포함된다. 때문에 경에서는 다섯 가지 모임인 유위법과 유위·무위를 포함하는 열두 가지 영역, 열여덟 가지 요소가 함께 '없다'고 설하고 있다.

【 열두 가지 영역〔十二處〕 】

지금까지 필자는 경문에서는 보이지 않는 '열두 가지 영역, 열여덟 가지 요소'라는 말을 누차 했는데, 이제 이 점을 살펴보기 위하여 경문을 다시 보자. 먼저 '열두 가지 영역'에 해당되는 경문은 "눈·귀·코·혀·신체·마음도 없고, 형태·소리·냄새·맛·감촉·마음의 대상도 없다."라는 구절이다.

이 눈〔眼〕을 비롯한 마음의 대상〔法〕을 '십이처(十二處)'라고 부르는데, '처'란 말이 '장소·영역(領域)'이라는 의미이기 때문에 '열두 가지 영역'이라 번역한 것이다. 이미 말한 바와 같이 열두 가지 영역은 눈·귀·코·혀·신체·마음이라는 안의 여섯 가지 영역〔六內處〕과 거기에 대응하는 형색·소리·냄새·맛·감촉·마음의 대상이라는 외계의 여섯 가지 영역〔六外處〕을 합친 것이다. 그리고 이것을 다른 말로는 '육근(六根)·육진(六塵)'이라 하는데, 눈을 비롯한 여섯 가지 인식기관이 외부의 대상을 인식하는 의지처가 되고 근본이 되기 때문에 '근'이라 하고, 형색(形色)을 비롯한 각 기관의 대상이 우리들의 깨끗한 마음을 더럽히고 미혹하게 하는 까닭에 '진'이라 한다.

안의 여섯 가지 영역 가운데 첫 번째인 눈의 영역〔眼處〕이란 '보는 영역'이고, 여기에 대응하는 것은 외계의 여섯 가지 영역 가운데 첫 번째인 형색의 영역〔色處〕인데 이것은 '보여지는 영역'이다. 두 번째는 청각과 그것에 의해서 알려지는 소리의 영역이고, 세 번째는 후각과 냄새의 영역이다. 네 번째는 혀와 맛의 영역이고, 다섯 번째는 신체와 거기에 육체적 감각으로 접촉되는 영역이다.

이상의 열 가지 영역은 다섯 가지 모임으로 말하면 첫 번째인 물질적 존재〔色蘊〕에 해당한다. 왜냐하면 이것들은 감각기관, 즉 감각을 일으키는 육체적 조직과 그것에 의해서 인식되는 대상이기 때문이다. 그런데 여기서 우리는 하나의 문제를 만나게 된다. 가령 눈의 영역이란 시각을 일으키는 안구(眼球)나 시신경(視神經)과 같은 것을 가리키고, 귀의 영역이란 고막 등을 말한다. 때문에 이것은 육체의 한 부분이고, 따라서 다섯 가지 감각기관인 눈·귀·코·혀·신체가 물질적 존재에 포함되는 것은 틀림이 없다.

그러나 이 열 가지 영역은 엄밀히 말해서 감각과는 확실히 구별되는 것이 아니라고 할 수 있다. 예를 들어 눈과 형색의 영역〔色處〕을 생각해 보자. 눈은 시각이고, 형색의 영역은 청(靑)·황(黃)·적(赤)·백(白)과 장(長)·단(短)·방(方)·원(圓) 등으로 구별하는데,

이 붉다, 희다, 혹은 길다, 짧다고 아는 것은 어찌 보면 감각이라고 할 수도 있다. 그런데도 열 가지 영역을 물질적 존재로 취급하는 것은 붉은 색이나 푸른 색을 일으키는 물질이 외계에 있다고 보아서 그것을 붉은 색으로 하고, 또한 형색을 지각하는 눈의 영역도 시각을 일으키는 육체적 조직을 가리키고 있을 뿐이기 때문이다. 그러나 눈은 붉은 색이나 푸른 색은 알지만, 그 색깔을 형성하는 물질을 알 수는 없다. 따라서 색깔과 형태밖에 볼 수 없는 눈이 그것을 넘어선 존재를 인정하는 것은 오류를 범할 위험이 있다.

가령 눈으로 꽃을 볼 수는 없다. 왜냐하면 눈은 꽃의 색깔이나 형태, 빛 등을 볼 수 있는 것에 지나지 않기 때문이다. 그리고 그 꽃이 정교하게 만들어진 조화(造花)가 아니고 진짜 꽃이라는 것은 눈으로 보는 것만으로는 알 수가 없다. 과거의 경험이나 다른 꽃과의 비교, 그밖에 여러 가지를 고려해서 의식이 판단하는 것이다. 따라서 시각만으로 색깔과 형태 밖의 문제에 관해서까지 판단하는 것은 오해를 낳을 원인이 된다.

여기에서 우리들은 불교에서 말하는 존재론의 기본을 알 수가 있다. 즉 불교의 존재론은 철저하게 눈으로 보는 존재는 색깔과 형태, 귀로 아는 존재는 소리, 코로 아는 존재는 냄새, 혀로 아는 존재는 맛, 신체로 아는 존재는 접촉이라고 해서 존재하는 것을 각각 감각기관의 영역에 한정하는 것이다.

이렇게 열두 가지 영역 가운데 눈을 비롯한 열 가지 영역은 다섯 가지 모임으로 말하면 물질적 존재이기 때문에 이것을 '색법(色法)'이라고 한다. 그리고 나머지 두 가지 영역인 마음의 영역〔意處〕과 생각되어지는 영역〔法處〕을 '심법(心法)'이라 해서 감각〔受〕·표상〔想〕·의지〔行〕·인식〔識〕이 전부 여기에 포함된다. 따라서 마음의 영역에는 마음〔意根〕과 여섯 가지 인식〔六識〕이 포함된다.

여섯 가지 인식이란 눈으로 하는 인식〔眼識〕, 귀로 하는 인식〔耳識〕, 코로 하는 인식〔鼻識〕, 혀로 하는 인식〔舌識〕, 신체로 하는 인식〔身識〕, 마음으로 하는 인식〔意識〕이다. 이 가운데 눈으로 하는 인식이란 눈〔眼根〕을 의지해서 빛깔과 형태의 영역을 인식하는 것이고, 귀로 하는 인식이란 귀〔耳根〕를 의지해서 소리의 영역을 인식하는 것이다.

여기서 한 가지 특이한 것은 마음 그 자체를 의근(意根)이라 하는 점인데, 이는 의식이 판단할 때에 의지처가 되기 때문이다. 즉 눈으로 하는 인식이 눈〔眼根〕에 의지하는 것처럼 마음으로 하는 인식도 의지처가 없이는 활동할 수 없다고 생각하기 때문에 여기에도 의지처가 필요하다고 해서 의근이 설해지는 것이다. 그러나 의근, 즉 마음은 눈을 비롯한 다섯 가지 감각기관처럼 그 존재가 확실히 잡혀지는 것이 아니기 때문에 이것을 분명히 증명해 보이기는 어렵다.

하여튼 이렇게 해서 눈으로 하는 인식 내지 신체로 하는 인식의 다섯 가지 인식이 있는데, 이것들은 마지막의 마음으로 하는 인식과는 그 궤를 달리하여 단순히 감각을 아는 인식이다. 이 다섯 가지 인식을 '전오식(前五識)'이라 한다. 이에 비해 '제육식(第六識)'이라 불리는 여섯 번째 마음으로 하는 인식은 현재와 함께 과거나 미래의 모든 것에 관해서 기억을 생각해 낸다든가 눈앞의 사물을 사유한다든가 해서 판단을 한다. 가령 여기 한 송이 꽃이 있다고 하자. 우리들은 눈으로 그 꽃이 어떤 색깔인지를 인식할 수 있고, 코로는 그것이 어떤 향기를 발산하고 있는지를 알 수 있다. 그러나 눈으로 보는 것만으로 그 꽃이 무궁화인지 진달래인지를 구별하여 판단할 수는 없다. 왜냐하면 전오식의 하나인 눈으로 하는 인식은 단지 색깔과 형태만을 알 수 있기 때문이다. 이때 제육식인 마음으로 하는 인식이 과거의 경험과 기억 등을 생각해 내고 다른 꽃과를 비교하여 무궁화 혹은 진달래라고 판단하는 것이다. 여기서 더 나아가 제육식은 무궁화이기 때문에 우리나라 국화라는 사실도 생각해 내고 더 많은 곳에 이 꽃을 심어야 한다는 것까지도 생각하게 된다.

또한 사물을 인식함에는 단순히 하나의 전오식과 제육식만으로 판단할 수 없는 것도 있다. 가령 설탕과 소금은 같은 모양과 색깔을 가지고 있다. 이때 눈으로 하는 인식과 제육식만으로는 소금인지 설탕인지를 판단할 수 없다. 혀로 하는 인식이 눈으로 하는 인식과 함께 작용해야 한다. 즉 맛과 색깔과 무게 등을 종합해서 판단하고, 이것은 설탕이고 이것은 소금이라고 구별한다. 이것은 전오식의 소재를 제육식이 종합해서 판단하는 것이다. 따라서 이 수속을 밟지 않고 단지 보는 것만으로 판단하면 소금을 설탕이라고 잘못 알게 되고, 조미료를 소금이라고 오해하게 된다.

지금까지 열두 가지 영역 가운데 열한 가지 영역에 관하여 살펴보았다. 이제 남은 것은 '생각되어지는 영역(法處)'인데, 여기에 열한 가지 영역에서 빠진 유위·무위의 모든 법이 포함된다. 이 생각되어지는 영역은 '생각되어지는 것'이기 때문에 물질적인 것은 물론이고, '무표색(無表色)'이라고 해서 '눈에 보이지도 않고, 귀로 들을 수도 없으며, 손으로 만질 수도 없는 물질' 및 물질이 아닌 것을 포함하고 있다.

여기에서 우리들은 하나의 문제점을 발견하게 된다. 확실히 형색·소리·냄새·맛·감촉이라는 다섯 가지 영역은 전부가 물질적 존재이기 때문에 이것은 무상하다. 그렇지만 '생각되어지는 것'이 되면 무상한 것을 생각할 수도 있지만, 무상하지 않는 항상된 어떤 것을 생각할 수도 있다. 즉 앞에서 이미 살펴본 허공·택멸(=열반)·비택멸을 생각할 수도 있다. 소승불교에서는 이 세 가지를 항상된 것이라 간주하여 실체로 인정한다. 때문에 유위법은 '없다'고 하는 반면 허공이나 열반 같은 무위법은 '있다'고 설한다. 그러나 《반야심경》은 '공 가운데는 눈·귀·코·혀·신체·마음도 없고, 형태·소리·냄새·맛·감촉·마음의 대상도 없다'라는 구절로써 소승불교에서 '있는 것'으로 인정하는 무위법도 본래 없음을 천명하고 있다.

【 열여덟 가지 요소〔十八界〕 】

위에서 열두 가지 영역과 그것이 '무(無)'라고 설하는 이유를 살펴보았다. 다음으로 이어지는 경문이 "눈의 요소도 없고 나아가 마음으로 인식하는 요소까지도 없다."는 구절인데, 이미 설명한 것처럼 여기에는 중간에 열여섯 가지 요소가 생략되어 있다. 이 눈의 요소〔眼界〕를 비롯한 마음으로 인식하는 요소〔意識界〕를 '18계(界)'라고 부르는데, 범어 다투(dhātu)를 한역(漢譯)한 '계'라는 말이 '변하지 않는 성질' 혹은 '요소'라는 의미이기 때문에 '열여덟 가지 요소'라 번역한 것이다.

여기서 열여덟 가지로 분류하는 것은 인간의 몸과 마음, 그리고 이 세계를 분석해 보면 열여덟 종류의 요소가 인정된다는데 근거하고 있다. 그러나 앞의 열두 가지 영역과 이 열여덟 가지 요소는 의미는 다르지만, 그 분류의 결과는 크게 다르지 않다. 즉 눈의 요소 내지 신체의 요소[身界]는 눈의 영역[眼處]을 비롯한 신체의 영역[身處]인 다섯 가지 영역과 같은 것이고, 색깔과 형태의 요소[色界]를 비롯한 접촉의 요소[觸界]인 다섯 가지 요소는 색깔과 형태의 영역[色處] 내지 접촉의 영역[觸處]인 다섯 가지 영역과 같다. 이 두 가지를 종합한 열 가지 요소는 열 가지 영역과 마찬가지로 물질적 존재[色蘊]에 해당한다. 그리고 생각되어지는 요소[法界]는 생각되어지는 영역[法處]과 같고 마음의 요소[意界]도 마음의 영역[意處]과 마찬가지로 마음과 눈으로 인식하는 요소[眼識界], 귀로 인식하는 요소[耳識界], 코로 인식하는 요소[鼻識界], 혀로 인식하는 요소[舌識界], 신체로 인식하는 요소[身識界], 마음으로 인식하는 요소[意識界]의 여섯 가지 인식하는 요소가 포함된다.

그렇다면 열두 가지 영역과 열여덟 가지 요소가 다른 점은 무엇인가? 그것은 마음의 영역에 여섯 가지 인식[六識]을 하나로 합하는가, 그렇지 않으면 별개로 세우는가 하는 점이다. 즉 열두 가지 영역을 말할 때는 인식의 주체가 마음의 영역 안에 숨겨져 한 개로 되어 있지만, 열여덟 가지 요소에서는 여섯 가지 인식이 각각 실체가 되어 작용하고 있는 것이다.

왜 이러한 두 가지 견해가 생기는가? 앞에서 우리들은 전오식과 제육식의 차이를 살펴보았지만, 전오식은 직접적인 지각인 반면 제육식은 과거·현재·미래를 생각하고 판단하는 것이기 때문에 그 점에서 전오식과는 작용이 사뭇 다르다. 또한 의식은 전오식과 함께 작용하는 경우와 의식이 독립해서 작용하는 경우가 있다. 가령 단풍을 보고 가을이라는 계절을 연상할 수도 있지만, 다섯 가지 감각작용 없이도 가을과 거기에 상관된 여러 가지 일들을 생각할 수도 있다. 따라서 여섯 가지 인식을 각자 별개라고 보는 견해도 성립할 여지가 있다. 그러나 한편 여섯 가지 인식은 작용으로서는 별개이지만 근본은 하나라고 보는 것이 불교의 기본적인 견해라 할 수 있다.

여기에서 일체법을 열두 가지 영역과 열여덟 가지 요소의 두 가지로 설명하는 이유를 알 수 있지만, 그러나 이 두 가지 설명은 어디까지나 소승불교의 견해일 뿐이다. 반야경에서 말하는 공의 입장에서는 법의 주체가 '무(無)'일 따름이고, 지금의 경우에도 '공 가운데는 눈의 요소도 없고 나아가 마음으로 인식하는 요소까지도 없다'는 말로 유위법뿐만 아니라 무위법도 '없음'을 강조하고 있다.

【 모든 법은 인연이 화합한 것 】

다섯 가지 모임, 열두 가지 영역, 열여덟 가지 요소는 유위·무위를 망라한 모든 법의 총칭이다. 따라서 《반야심경》에서 설하는 "공 가운데 다섯 가지 모임, 열두 가지 영역, 열여덟 가지 요소는 없다."
라는 것은 '공 가운데 모든 법은 없다' 라고 바꾸어 말할 수 있다. 여
기에서 우리들은 두 표현 사이에 약간의 차이점을 발견하게 된다. 즉
앞에서는 '물질적 존재가 곧 공이다' 라고 설해 물질적 존재가 그대로
공이라고 말했는데, 여기서는 '공 가운데는 물질적 존재가 없다' 라
고 설하기 때문이다. 그러나 이렇게 두 가지 표현에 서로 차이는 있
지만, 그것이 존재의 진실을 나타내고자 하는 입장에서는 동일하다.

그렇다면 물질적 존재 내지는 마음으로 인식하는 요소가 무슨 까
닭에 공 가운데는 없는 것인가? 지금까지 살펴본 것처럼 공은 유 · 무
를 초월한 자리다. 그러나 한편으로는 공이란 고정적 실체로서 파악
되는 것이 아니기 때문에 '없다' 라는 의미도 가지고 있다. 즉 눈이라
는 물질적 존재는 고정불변한 실체가 아니다. 실체가 아닌 까닭에 그
점에서는 분명히 눈은 없는 것이다. 물론 여기서 말하는 '없음' 도 공
과 마찬가지로 완전한 허무를 말하고 있는 것은 아니다.

사실 일체의 모든 것은 어떤 관점에서 보면 다섯 가지 모임의 하나
하나로 그 구별을 인식할 수가 있다. 가령 우리들 자신을 살펴보아도
물질적 존재인 감각 · 표상 · 의지 · 인식의 복합인 정신세계를 구별
하여 알 수가 있다. 이렇게 구별하여 인식할 수 있는 그것이 허무가
아닌 것을 말해 주고 있다. 왜냐하면 허무한 것은 구별할 수가 없기
때문이다. 그러나 공의 관점에서 보면 우리의 신체나 정신은 고정불
변한 실체가 있는 것이 아니다. 따라서 온갖 존재가 차별이나 모양을
나타내고는 있지만, 그 모두는 고정적 실체로 파악되지 않는 공의 입

장에서는 동일하게 '무(無)'가 된다.

　여기서 우리들은 모든 존재가 지니고 있는 두 가지 측면을 볼 수가 있다. 하나는 그것이 갖추고 있는 특수한 모습이고, 다른 하나는 보편적인 모습이다. 가령 사람과 짐승은 분명히 다른 모습을 하고 있으며, 그 능력도 현저하게 다른 나름대로의 특수한 모습을 하고 있다. 그러나 두 존재가 실로 있는 것이 아니라 공이라는 사실에는 차별이 없다. 그렇다면 모든 법(=존재)에 이와 같은 두 측면이 있는 것은 무엇 때문인가? 그것은 모든 법이 인연의 화합에 의해서 생기기 때문이다. 이렇게 인연의 화합으로 존재가 형성되는 것을 '연기(緣起)'라고 한다. 이제 연기에 의해서 존재가 어떻게 성립되는지를 살펴보자.

　이 현상계에 나타나 있는 온갖 사물은 직접적인 원인〔因〕과 간접적인 원인〔緣〕이 만나서 그 결과로 존재하게 된다. 그리고 이러한 원인들은 서로 연결되어 있다. 만약 연결되어 있지 않다면 두 원인 사이에 힘을 주고받는 일은 있을 수 없고, 자연히 결과도 나타나지 않는다. 따라서 그 원인을 시간적으로 과거로 소급해 가면 어디까지라도 연결되어 있다. 거기에는 과거의 힘이 현재의 일점에 집중한다고 하는 성격이 있다. 마찬가지로 원인은 공간적으로도 무한히 연결되어 있다.

　예를 들어 보자. 가령 한 그루의 나무가 존재하기 위해서는 씨앗이라는 직접적인 원인과 수분 · 양분 · 온도 등의 간접적인 원인들의 만남이 있어야 한다. 씨앗 자체만으로 혹은 양분만으로 나무가 될 수는 없다. 이와 마찬가지로 씨앗 자체도 무한한 과거로 소급하여 씨앗이 되기 이전으로 연결되어 있다. 과거의 원인이 현재의 씨앗으로 나타난 것이다. 거기에는 또한 씨앗과 수분의 공간적인 연결이 있어야 한다. 만약 씨앗이 수분과 공간적으로 연결을 이루지 못하면 힘의 작용이 없기 때문에 씨앗은 씨앗으로만 존재할 뿐 발아를 하지 못한다.

지금까지 살펴본 것처럼 연기의 '연(緣)'이란 시간적·공간적으로 연결되어 있는 힘의 집합인데, 이때 새로운 것이 만들어진다. 이것이 '기(起)'이다. 그리고 그 '만들어진 것'이 유위법이다. 그런데 여기서 분명히 해야 할 것은 이 유위법의 세계가 단일한 것이 아니고 수많은 '기'가 모여서 이루어진 집합체라는 사실이다. 즉 현상계란 인연에 의해서 만들어진 물질적·정신적인 낱낱 존재의 집합체이다. 따라서 현상계에는 낱낱 존재로 구별되어 있는 면과 그것이 전체로 연결되어 있는 면의 양면이 있다. 그래서 연결되어 있는 '연'의 관점에서 보면 낱낱 존재의 특수한 모습은 없어지고 전체의 면, 즉 보편적인 모습이 나타나고, 구별되고 끊어진 '기'의 관점에서 보면 개체적인 면인 특수한 모습이 나타난다. 이 특수한 면이 나타난 현상 쪽에서서 우리들은 그것을 '있다'라고 한다. 그러나 반대로 전체의 면이 나타난 쪽에서 보면 개체적인 것은 '무(無)'가 되고, 이 자리를 공이라 부른다.

이러한 것은 숲과 나무의 관계를 보면 잘 알 수가 있다. 나무의 입장에서 보면 숲은 여러 종류의 나무가 모인 것이어서 나무 이외에 따로 숲이 있는 것이 아니다. 그러나 숲의 입장에서 보면 전부가 숲일 뿐 나무 한 그루 한 그루의 이름이나 모습은 없어진다. 나무는 없는 것이다. 그렇다고 해서 숲은 과연 있는 것인가? 인공위성에서 바라본 지구는 작은 별일 뿐 거기에는 숲이라는 존재도 숲을 지탱하고 있는 땅이나 물도 없다. 모두가 공이다.

그러나 위에서 지적한 것처럼 연기에 의해서 생기는 것은 유위법에 한정된다. 유위법의 상대개념인 '무위법'은 인연이 모여서 만들어진 것이 아니다. 따라서 인연이 화합하여 생긴 유위법은 자신의 성품이 없기 때문에 '없다'고 할 수 있지만, 무위법은 인연에 의해서 된 것이 아닌데 어떤 이유에서 '없다'고 하는가 하는 의문이 생길 수 있다.

사실 무위법은 무상변화하지 않는 영원한 법이다. 그것은 소승불교에서 생각하는 것처럼 '유(有)'라고 볼 수도 있다. 그렇지만 진리의 자리에서 볼 때 유위법을 여읜 무위법은 없다. 왜냐하면 유위법의 실상이 바로 무위법이기 때문이다. 본래 유위와 무위는 둘이 아닌데, 유리들이 뒤바뀌어 있기 때문에 분별하여 설명할 따름이다. 따라서 유위와 무위는 상대개념으로서만 존재한다. 만약 유위를 제거하면 무위는 없고, 무위를 제거하면 유위 역시 없게 된다. 여기서 무위법이 없는 이유가 드러난다. 유위법이 공이고 없는 것이라면 무위법도 당연히 공이고, 따라서 없는 것이다.

하여튼 '연'에는 '무(無)'의 성질이 있고, '기'에는 '유(有)'의 성질이 있다. 만약 연이 유가 되어 변화하지 않는다면 다른 존재를 생(生)하게 할 수가 없다. 예를 들어 씨앗에서 싹이 나올 때, 만약 씨앗이 종자라는 유로서 변화하지 않는다면 씨앗이 싹으로 되는 일은 불가능하다. 이렇게 자신을 '무' 로 하여 다른 것 가운데 들어가는 것이 '연' 이다. 우리들이 살아가는 데서 생기는 인간관계도 마찬가지다. 가령 개인이 모여 단체를 만들 경우, 단체가 표면에 나타나면 개개인 은 무가 되어 개성은 감추어지고 단체가 유가 된다. 반대로 단체의 힘은 개인에게 집중되어 단체가 한 사람으로 대표되기도 한다. 국회 의원 한 사람의 비리가 전 국회의 불명예가 되는 것은 개인이 단체를 대표하기 때문이다. 이 경우에는 개개의 구성원이 유가 되고 단체는 무가 된 것이다. 때문에 공동생활에 의해서만 삶이 가능한 우리들로 서는 자신은 '무' 로 할 수 있는 지혜가 있어야 한다. 언제나 자신을 '유' 로만 내세울 때는 자신과 주변에 불행이 찾아올 수밖에 없다.

'연기' 란 모든 것은 반드시 '인연에 의해서 생기고 존재하는 것' 을 의미한다. 그리고 그 인연은 시간적으로 공간적으로 무한히 연결 되어 있다. 그러나 그렇다고 해서 하나의 존재가 생기는데 전세계가 직접 관련된다고 말할 수 없다. 때문에 어떠한 존재가 생긴다고 할 때, 몇 가지의 법이 직접적으로 인연이 되어 새로운 존재를 생하는 것이다. 이 경우에 첫째로 존재는 자신의 힘으로 생기는 것이 아니 고, 반드시 다른 힘을 인연으로 해서 생한다는 의미가 있다. 자기가 자기로부터 생한다고 하는 것은 있을 수 없기 때문이다. 그것은 가령 항아리가 그 자체로부터 생길 수 없는 것과 같다. 다시 말하면 항아 리가 만들어지는 요소인 원인과 항아리로 형성된 결과가 완전히 동일 인 경우가 되고 만다. 따라서 이렇게 원인과 결과의 동일성이 사물을 생기게 하는 작용의 본질이라고 하면, 항아리는 항상 무한히 그 자신으로부터 계속 생기게 되는 것이 된다. 그러나 그러한 일은 있을 수가 없다.

따라서 우리들이 자기만의 힘으로 사업에 성공했다고 생각한다든가 혹은 행복을 얻었다고 여기는 것은 잘못된 사고다. 거기에는 다른 힘이 더해졌다는 중요한 사실이 누락되어 있다. 연기의 견해에서는 독불장군적인 사고방식이 있을 수 없다. 자신의 행복 뒤에는 수많은 사람들의 은혜가 있었고, 따라서 자기의 행복을 도와준 다른 사람들에게 감사해야 한다. 아니 비단 다른 사람뿐만이 아니다. 나무 한 그루 풀 한 포기조차도 감사의 대상이 되는 것이다.

이것이 불교에서 말하는 은(恩)의 사상이다. 나를 존재케 한 일체에 감사하며 그 은혜를 잊지 않는 것이다. 그래서 불자의 삶은 '감사합니다'에서 출발한다. 우리 주변에는 매사를 대립적으로만 생각하는 사람들이 있다. 기업주와 노동자가 서로를 대립적인 관계로만 파악하기 때문에 노동쟁의가 해결을 보지 못하고, 상사와 부하직원이 서로 간에 은혜를 입고 있다는 생각이 없기 때문에 불목이 계속된다. 그러나 분명히 기업주가 없는 노동자는 있을 수 없고, 부하직원이 없는 상사는 있을 수 없다. 연기의 이치를 실천할 때 이 모두는 해결된다.

이와 같이 연기란 자기가 인연이 되어서 자기를 생하는 것은 아니지만, 그러나 그렇다고 다른 것이 인연이 되어서 자기를 생한다고 하는 것도 아니다. 즉 완전히 무관계한 타자가 자기를 존재하게 하는 것은 아니다. 만약 사물이 다른 어떤 존재로부터 생긴다고 하면, 그것은 결과가 그것과는 별개의 것에서 생긴다는 것이 된다. 예를 들면 항아리는 점토에서 생기는데, 그 점토는 항아리로서는 타자(他者)라고 생각하는 경우여서 여기서는 점토라는 원인과 항아리라는 결과가 전혀 다른 관계에 있게 된다. 이렇게 원인이 결과와 다른 관계에 의해서 사물이 생긴다고 하면 항아리는 그것과 관계가 없는 것, 가령 실로부터도 생기는 것이 되는 것이다. 실도 점토도 항아리에 대해서 타자인 점에서는 동일하기 때문이다. 이것은 불합리하다. 따라서 존재를 생하는 인연은 완전히 자기와 무관계한 것은 아니지만, 그러나 자기 그 자체도 아니라는 것이 된다.

이것은 두 개 이상의 인연이 모이면 지금까지는 없었던 새로운 존재가 성립되는 것을 뜻한다. 예를 들어 산소와 수소가 화합해서 물이 되는 경우, 물은 산소도 수소도 아닌 제3의 물질이다. 단지 물 가운데 산소와 수소는 잠재적으로는 존재하기 때문에 인연으로서의 산소와 수소, 기(起)로서의 물과의 사이에는 단절의 면과 연속의 면이 있다. 이 단절의 점에서 존재에 '무(無)'의 성격이 나타나는 것이다. 즉 인연으로서의 산소와 수소 가운데에 물은 없지만, 물 가운데도 산소와 수소는 없는 것이다. 그렇지만 물도 산소와 수소로 분해하면 다시 무가 된다. 즉 인연이 모이면 유가 되지만, 인연이 흩어지면 무가 된다.

인연이 모이면 유가 되고 그것이 흩어지면 무가 되는 것은 우리들이 사용하고 있는 모든 물건을 눈여겨보면 더욱 분명해진다. 가령 냉장고나 세탁기는 부속품이 일정한 작업으로 조립되어 만들어지고, 거기에 전기가 연결되어 작동한다. 부품 하나만 없어도 작동하지 않는 경우가 있다. 모든 부품이 완벽하게 조립되었을 때 쓸모 있는 가 전제품이 된다. 그러나 최후의 부속 한 개에 냉장고를 냉장고답게 하는 힘이 있는 것은 아니다. 냉장고의 냉기는 부속품이 정해진 작업으로 조립될 때 홀연히 생하는 것이다. 냉장고의 부속에 관해서 보면 그러한 것은 전부터 있었던 것이지만, 냉장고라는 물건에 관해서 보면 그것은 지금까지는 없었던 것이고 새롭게 생긴 것이다. 그리고 그것은 부속으로 분해하면 다시 없어진다. 이러한 경우에도 인연으로서의 부분이 각자 개성을 버리고 무가 될 때 전체가 하나가 되어 냉장고나 세탁기가 되는 것이다.

그런데 한편으로 독자들 가운데는 만약 여러 가지 요소가 인연을 만나서 존재를 형성한다고 하면 최후에 그것 이상 분해되지 않는 요소가 있지 않겠는가 하는 생각을 가진 사람도 있을 것이다. 이러한 경우에는 필시 최후의 요소는 힘의 집합체가 아니고 고정적 실체라는 생각이 일어날 것이다. 그러나 그러한 생각은 이율배반적이다. 왜냐하면 어떤 변화하지 않는 실체가 변화하는 세계를 형성한다고 하는 것은 논리적 모순을 포함하고 있기 때문이다. 그것은 마치 창조주가 만물을 창조했다고 주장하면서도 그 창조주를 누가 창조했는지에 관해서는 대답을 못하는 것과 같다.

사실 그러한 실체를 인정하느냐 하지 않느냐는 사유의 문제다. 우리들 가운데는 무엇인가 가정이나 전제를 세우지 않고서는 사유를 진전시킬 수 없는 사람들이 있다. 그들은 어떤 실체를 설정해서 가정해 두고 그것에 입각해서 사유를 계속해 나간다. 그러나 우리들이 사유하고 인식하는 것은 언제나 상대적인 입장에서 본 인식이다. 가령 하늘이 청색임을 아는 경우에 청색만으로 하늘의 푸름을 인식하는 것이 결코 아니다. 다른 붉음이나 노랑, 흰색 등의 도움을 받아서 비로소 청색임을 안다. 만약 청색뿐이라고 한다면 그것이 청색이라는 것을 인식할 수가 없다. 마찬가지로 남성과의 비교에 의해서 여성을 아는 것이고, 광물이나 식물과의 비교에 의해서 동물을 아는 것이다. 죽음을 알지 못하면 생이 무엇인지를 이해할 수가 없다. 마찬가지로 타인과의 비교로 자기를 아는 것이다. 다른 사람과 비교해서 자기가 현명한지 어리석은지를 안다. 만약 자기 이외에 아무 것도 없다면 자기의 자각이 과연 일어날 수 있겠는가?

여하튼 우리들은 이미 잡다하게 분화된 세계 가운데에 살고 있고, 그러한 잡다한 것에 기초해서 사유하고 이해한다. 따라서 잡다한 세계의 밑바탕에 요소적인 실체가 있다고 하는 것은 추론이다. 불교가 '모든 법은 인연이 화합한 것'이라고 설하여 상대주의에 선 것은 현상의 잡다한 세계를 있는 그대로 인정하는 입장이다. 그리고 현상세계의 변화를 이해하기 위해서는 모든 존재에 유의 성격과 함께 무의 성격도 인정하지 않으면 안 되는 것이다.

그런데도 불구하고 우리들 범부는 사물을 대함에 있어서 겉으로 드러나 있는 차별적인 특수한 유의 모습만을 보고 보편적인 공의 모습을 보지 못한다. 인간의 온갖 탐욕과 분노, 그리고 거기에 기인하여 발행하는 괴로움은 사실 모든 존재가 갖추고 있는 보편성인 무를 보지 않기 때문이다. 따라서 모든 법의 무와 연기의 이치를 터득함에 의해서 생의 고통을 면할 수 있는 것이다.

(5) 본래 없는 생사(生死)

◉

無無明 亦無無明盡 乃至 無老死 亦無老死盡
근원적인 무지도 없고 근원적인 무지가 다함도 없으며, 나아
가 늙고 죽음도 없고 늙고 죽음이 다함도 없다.

【 십이인연(十二因緣) 】
　소승불교의 교리체계를 형성하는 중요한 골격인 삼과(三科), 즉
'온(蘊) · 처(處) · 계(界)'를 '본래 없다'고 부정한 《반야심경》은 다시
공 가운데는 '근원적인 무지〔無明〕도 없고, 나아가 늙고 죽음〔老死〕
도 없음'을 천명한다. 따라서 무무명(無無明)에서 시작하여 무노사진
(無老死盡)으로 일단락되는 본 구절 앞에 '시고공중(是故空中=이런 까
닭에 공 가운데는)'이라는 말을 삽입하여 보면 이해하기가 쉽다. 즉
'공 가운데는 근원적인 무지도 없고 근원적인 무지가 다함도 없으며,
나아가 늙고 죽음도 없고 늙고 죽음이 다함도 없다'라는 말이 된다.
　무슨 까닭에 공 가운데는 근원적인 무지도 없고, 나아가 늙고 죽음
도 없는가? 이 점을 고찰하기에 앞서 우선 십이인연(十二因緣)에 관
해 살펴보자. 근원적인 무지에서 시작하여 늙고 죽음으로 끝나는 교
설을 '십이인연' 혹은 '십이연기(十二緣起)'라고 한다. 부처님께서
깨달으신 법이 연기법(緣起法)인 까닭에 십이연기라고 부르는 쪽이
보다 적절한 표현이긴 하지만, 한편으로 수많은 연(緣) 가운데서 가

장 힘이 있고 직접적인 연을 '인(因)'이라고 하기 때문에 연기를 인연이라고도 하는 것이다. 하여튼 그것을 십이인연이라 하기 때문에 근원적인 무지와 늙고 죽음 사이에 열 가지 항목이 생략되어 있다.

십이인연이란 우리들의 삶에서 중요한 요점을 열두 가지 항목으로 구분하여 그 의존관계를 더듬어 미혹된 삶의 근원을 밝히고, 나아가 깨달음의 세계를 열어 가는 교설이다. 앞에서 이미 살펴보았듯이 우리들의 삶이란 수많은 인연이 모여서 이루어진다. 이들 인연 가운데에서 가장 중요한 것을 골라 그 관계를 살펴보아 현실에서 생기는 번뇌의 근원을 탐구하고, 어떻게 하면 고통이 없는 삶을 영위할 수 있을지를 추구하여 발견한 인과 연의 열두 가지 관계를 십이인연이라 부르는 것이다.

그 열두 가지란 무명(無明)·행(行)·식(識)·명색(名色)·육입(六入)·촉(觸)·수(受)·애(愛)·취(取)·유(有)·생(生)·노사(老死)인데, 이것을 《아함경》 등에서는 다음과 같이 정형화해서 설하고 있다.

무명으로 말미암아 행이 있고, 행으로 말미암아 식이 있으며, 식으로 말미암아 명색이 있고, 명색으로 말미암아 육입이 있으며, 육입으로 말미암아 촉이 있고, 촉으로 말미암아 수가 있으며, 수로 말미암아 애가 있고, 애로 말미암아 취가 있으며, 취로 말미암아 유가 있고, 유로 말미암아 생이 있으며, 생으로 말미암아 늙고 죽음과 근심·슬픔·번뇌·고통이 있다.

이 경문의 설법형식을 유전문(流轉門)이라 하는데, 그것은 열두 가지 순서가 중생에게 '고통이 생긴 원인'을 밝히고 있기 때문이다. 《반야심경》에서 "근원적인 무지도 없고, 나아가 늙고 죽음도 없다." 란 말은 바로 이 유전문의 이치도 없다는 것을 설파한 것이다. 그런 데 이렇게 십이인연을 설함이 인간이 가지고 있는 고통의 원인을 밝 힘에 그 목적이 있는 것은 결코 아니다. 문제는 현실적으로 있는 고 뇌를 없애는 데 있다. 바로 십이인연을 뒤집어 고찰함에 의해서 자연 히 깨달음의 세계를 볼 수 있게 하는 것이다. 즉 '생이 없으면 늙고 죽음도 없다'는 등으로 십이인연을 거슬러 고찰하는 것이다. 이 형식 을 미혹된 생존의 소멸을 보인 것이라고 하여 환멸문(還滅門)이라 한 다. 경에서 "근원적인 무지가 다함도 없고, 나아가 늙고 죽음이 다함 도 없다."란 것은 이 환멸문의 도리도 없다는 것이다.

【 생이 없으면 늙고 죽음도 없다 】

십이인연은 위에서 말한 것처럼 인간이란 존재가 처한 현실과 그 해결을 밝힌 것이다. 그럼에도 불구하고 《반야심경》에서는 그 십이 인연이 공 가운데서는 본래 없다고 천명한다. 이제 이 점을 규명하기 위하여 십이인연의 각 항목이 갖는 연관성과 의미를 살펴볼 차례가 되었는데, 여기서는 유전문의 순서로 고찰하는 방법과 환멸문의 순 서로 탐구하는 방법의 두 가지가 있다. 다만 필자는 환멸문의 순서로 이것을 보이고자 한다. 왜냐하면 십이인연설이 생의 현실을 파악하 고 있는 것은 자명하지만, 그 본래의 취지는 깨달음의 세계를 보이는 데 있기 때문이다.

【 노사(老死) 】
《불본행집경》 제12권에서는 부처님의 어린 시절에 관해서 다음과
같이 전하고 있다.

어느 때 고타마 싯다르타 태자는 부왕과 함께 봄의 들녘에 나가 농부들
이 밭갈이하는 것을 보게 되었다. 옷도 제대로 입지 못한 농부들이 힘들
어 하면서 소에 보습을 메어 밭을 가는데, 소가 가는 것이 늦어지면 때때
로 고삐를 후려치기도 하는 것이었다. 그 사이에 농부도 소도 헐떡거리고
땀을 흘리며 괴로워했다. 그리고 보습에 흙이 파헤쳐지자 벌레들이 나왔
으며, 뭇 새들이 다투어 날아와 그 벌레들을 쪼아 먹었다. 이러한 현상을
본 태자는 모든 중생들에게 이런 일이 있음을 생각하고 신음하며 이렇게
말했다.
"아아, 세간의 중생들은 극심한 괴로움을 받나니 곧 나고 늙고 병들고
죽음이며, 겸하여 가지가지 고뇌를 받으면서 그 가운데 전전하여 떠나지
못하는구나. 어찌하여 이 모든 괴로움에서 벗어나고자 하지 않고, 어찌해
서 괴로움을 싫어하고 고요한 지혜를 구하지 않으며, 어찌해서 나고 늙고
병들고 죽음의 괴로움에서 벗어나기를 생각하지 않는가."

부처님께서는 출가 전 어린 시절에 생존경쟁과 약육강식(弱肉强食)
속에 존재하는 일체 중생의 생존의 본질이 괴로움 그 자체임을 깨달
고, 거기에 놓여 있으면서도 벗어나기를 구하지 않는 것을 가엾이 여
긴다. 여기에서 우리들은 싯다르타 태자가 출가하는 최초의 원인을

발견하게 된다. 즉 자신을 포함한 일체 중생이 괴로움에 처해 있다는 사실과 그 괴로움에서 벗어나는 길의 모색이 출가를 단행하게 한 것이다.

우리들은 다음 절에서 다시 한 번 이 고통의 실상에 관하여 살펴볼 기회가 있겠지만, 부처님께서 왕궁을 버리고 출가를 결심하게 된 원인이 된 중생의 괴로움은 수없이 많다. 경전에서는 이 한량없이 많은 고통을 하나하나 열거하지 않고, 이것을 '늙음과 죽음'이라는 말로 줄여서 표현하고 있다. 왜냐하면 고통 가운데 가장 큰 괴로움이 늙음과 죽음이기 때문이다. 늙음과 죽음은 인간으로서는 피할 수 없는 과제이고, 사실 늙음과 죽임이 없다면 다른 고통은 그렇게 심각하게 다가오지 않을지도 모른다.

그러나 인간으로서는 피할 수 없는 고통인 죽음은 그것으로 끝이 아니다. 죽음이 모든 것의 종말이라면 자살할 수도 있다. 그러나 윤회하는 중생으로서는 죽음에 의해서 모든 것이 허무로 돌아가는 것이 아니라 다시 생을 바꾸어 똑같은 괴로움을 언제까지나 반복한다. 그렇다면 이 고통, 즉 늙음과 죽음을 일으키는 원인은 무엇인가? 그것을 추구해서 얻은 결론이 '태어남〔生〕'이다. 늙음과 죽음을 일으키는 원인은 물론 많겠지만, 그러한 가운데서 가장 기본적인 조건이 태어나는 것이다. 만약 이 세상에 태어나지 않았다면 늙어 죽는 일은 생기지 않기 때문이다. 이러한 이유에서 '생으로 말미암아 늙고 죽임이 있다'고 설하는데, 여기에서 늙고 죽는 고통을 없애는 방법이 제시된다. 다름 아닌 태어남을 없애면 죽음은 저절로 없어진다는 사실이다.

【 생(生) 】

늙고 죽는 고통이 있게 된 원인을 추구해서 얻은 결론이 생, 즉 태어남이다. 그렇다면 생이란 무엇인가? 바로 인간이 이 세상에 나오는 것이다. 아니 비단 인간뿐만 아니다. 모든 중생이 생으로 말미암아 고통을 받는다. 그런데 여기서 주의해야 할 것은 세상에 태어나서 살아가는 형태나 생각이 동일하지 않다는 사실이다. 우선 같은 중생이면서 인간과 짐승 혹은 곤충은 전혀 다른 생활을 한다. 단지 모든 것이 우리들 인간의 문제인 까닭에 사람들의 삶에 국한해서 살펴보자.

우선 이 세상에는 똑같이 생긴 사람이 둘도 없다. 남녀가 다르고, 잘 생기고 못생긴 것에 차이가 난다. 어디 그뿐인가. 훌륭한 가문에 태어나 평생 동안 행복을 누리면서 살아가는 사람이 있는가 하면, 태어나자 바로 버려지는 아이도 있다. 건강한 신체와 정신을 가지고 태어나는 사람이 있는가 하면, 신체적 결함과 정신병을 동시에 지니고 태어난 사람도 있다. 스포츠에 남달리 뛰어난 자질을 가진 사람이 있는가 하면, 학문에만 몰두하는 기질의 사람도 있다. 즉 온갖 차별 속에 인간은 생을 받는다. 그 가운데는 빈부나 인종의 차별처럼 생(生) 그 자체를 고통으로 만드는 것도 있다. 그렇다고 해서 어떤 사회제도의 개혁에 의해서 이 모든 차별을 없앨 수도 없고, 또한 그럴 필요도 없다. 만약 남녀의 구별도 없고 사람마다의 재능에 완전히 무차별이 된다면 그것은 이미 인간의 삶이 아니고, 따라서 거기에는 행복이란 있을 수 없기 때문이다.

그렇다면 이러한 생의 차별이 어찌하여 일어나는가? 부처님이 출세하기 전 인도에는 이 문제에 관해서 몇 가지 의론이 있었다.

첫째는 '존우론(尊祐論)'이다. 존우란 창조신을 의미하는 말인데, 이는 인간이 태어나는 그 자체로부터 행·불행에 이르기까지 모든 것이 창조신의 뜻에 의해서 정해진다는 사고방식이다. 따라서 여기에는 인간의 자유의사는 결코 인정되지 않는다. 인간의 운명이 열리고 안 열리는 것은 오로지 신의 뜻에 달려 있기 때문에 인간은 각자의 행복을 얻기 위해서 창조주의 신을 절대 신앙하지 않으면 안 된다.

둘째는 '숙명론(宿命論)'이다. 이것은 인간이 태어나서 살아가는 모든 과정은 전생에 지어 놓은 행위의 결과이기 때문에 현실의 행·불행 등은 모두 태어나기 이전부터 이미 정해져 있다고 하는 견해다. 따라서 인간의 노력이나 의지의 자유가 여기에서는 인정되지 않는다. 그러나 현실적으로 인간은 의지의 자유가 있고, 또한 노력하면 얻어진다고 생각하고 있기 때문에 이 견해를 받아들이는 사람은 많지 않았다.

셋째는 '우연론(偶然論)'이다. 이 세상에서 벌어지는 일은 모두가 우연히 일어난다는 사상으로 유물론적(唯物論的)인 사고방식이다. 인간의 운명이란 자기 생각대로 되는 것도 아니고 또한 일정한 법칙이 있는 것도 아닌 것으로 일체에 인(因)도 없고 연(緣)도 없으며, 창조신도 없다는 견해이다. 이 우연론은 인간의 운명을 비롯한 현상계의 모든 것이 돌발적인 우연에 의해서 전개될 따름이라고 주장한다. 따라서 우연히 좋은 기회를 만나면 그 기회를 잘 활용하여 행복을 쟁취해야 한다고 말한다. 이 의론은 알게 모르게 많은 사람들의 의식 가운

데 자리잡고 있다. 가령 우리 나라는 교통사고율이 세계에서 첫째인
데, 그 사고를 낸 사람들은 한결같이 '재수가 없어서' 그런 일이 생
겼다고 말한다. 사업에 실패했을 때나 승진이 되지 않았을 경우에도
'운이 나빴다' 고 말한다. 이 모두가 일종의 우연론에 빠져 있는 경우
라고 할 수 있다.

우리들은 살아가면서 곧잘 '운명(運命)' 이라는 말을 하곤 한다. 여
러 가지로 노력을 해보았지만 생각대로 일이 성취되지 않을 때 체념
적으로 하는 말이다. 다시 말하면 우리들은 인간을 둘러싼 자연현상
이나 선악(善惡) · 길흉(吉凶) 혹은 재앙이나 복덕 등의 온갖 것이 선
천적으로 정해져 있거나 초인간적인 위력에 의하여 조성되고 지배되
기 때문에 사람의 힘으로는 변형시키지 못한다는 생각을 은연중에 가
지고 있다는 말이다.

이러한 사고방식을 '운명론(運命論)' 이라 하는데, 이 운명론자 가
운데는 앞의 세 가지 견해에 입각해서 말하는 경향이 많다. 즉 존우
론에 선 '존우론적 운명론' 과 숙명론에 선 '숙명론적 운명론', 그리
고 우연론에 의한 '우연론적 운명론' 의 어느 한 가지를 자기도 모르
는 사이에 말하곤 한다. 사실 개인의 힘으로는 도저히 할 수 없는 어
떤 큰 힘에 의해서 자기의 운명이 변해 가는 것을 현실에서 인정하지
않을 수 없을 때 사람들이 운명론적 경향을 갖게 되는 것도 한편으론
수긍이 가지 않는 바도 아니다. 왜냐하면 이 세 가지 사고방식을 넘
어선 '제4의 입장' 은 간단히 표출되지 않기 때문이다.

그러나 그렇다고 해서 철저한 존우론이나 숙명론 혹은 철저한 우

연론을 받아들일 수는 없었던 것이 부처님 당시 많은 사람들의 생각이었고, 불교의 입장에서도 마찬가지였다. 여기서 부처님께서는 이 세 가지 의론에 대하여 그 모순점을 지적하여 진리가 아님을 피력하고 있다.

먼저 존우론에 관한 부처님의 비판을 보자. 만약 인간의 탄생 및 사람들에게 닥치는 모든 행·불행 등 현실의 원인이 오로지 창조신의 뜻에 달려 있는 것이라면, 신의 의지로 생을 받은 우리 인간에겐 어떠한 자유도 있을 수 없다. 따라서 현실에서 벌어지는 온갖 살생이나 도둑질·음행·거짓말·탐내고 성내는 행위가 신의 뜻에 의한 것으로 보아야 하고, 인간의 노력으로 현실의 어려움이나 비리를 타개할 의욕은 생각할 수 없게 된다. 거기에는 또한 금생의 종교적 수행이나 도덕적인 행을 말하는 것조차 무의미하다.

다음으로 숙명론에 관해서 살펴보자. 만약 인간에게 닥치는 일체의 원인이 전생에 지은 행위의 결과이기 때문에 금생에서는 어쩔 수 없는 것이라 한다면, 전생에 원인을 지었기 때문에 금생에 당연히 온갖 살생이나 도둑질·음행·거짓말·탐내고 성내는 행위를 하게 될 것이다. 또한 전생에 지은 행위는 변할 수 없는 것이기 때문에 사람들은 '이것은 하고 싶다, 이것은 하고 싶지 않다'는 욕망도 부질없는 것이 되고, 다른 사람을 향하여 '이것을 해라, 이것을 하지 말라'는 말도 성립할 수 없게 된다.

마지막으로 우연론에 관한 입장이다. 만약 인생의 모든 일들이 전부 우연적인 현상이라 한다면, 우리 인간들이 이 현생에서 어떠한 부도덕한 행동을 할지라도 그것은 아무런 책임이 없게 된다. 그러나 과거의 인과 연은 차치하고, 현실생활에서 살생이나 도둑질 · 음행 · 거짓말 등의 행위가 있다면 반드시 그 책임을 묻게 되어 있다. 이것이 바로 우연론이 진리가 아님을 말해 주는 것이다.

이와 같은 부처님의 견해에 대하여 이성이 있는 사람이라면 동감하지 않을 수 없다. 세 가지 사고방식에 관한 부처님의 비판과 절복에 대해서 더 이상 허물을 발견할 수 없기 때문이다. 그런데도 불구하고 2,500여 년이 지난 지금에도 존우론적 숙명론을 진리인양 신봉하는 사람들이 우리 주변에는 많다. 안타까운 일이다.

【 유(有) 】

존우론과 숙명론, 그리고 우연론을 비판하면서 부처님이 새롭게 제시한 것이 '연기론(緣起論)'이다. 다시 말하면 인간은 차별적으로 태어나게 되고, 거기에 따른 갖가지 고통이 있게 마련인데, 그 원인이 무엇인지를 밝힌 것이 연기설이다. 이 연기설에 관해서는 위에서 이미 누차 설명한 바 있기 때문에 구태여 부언할 필요가 없다고 생각한다. 다만 연기설에도 몇 가지 종류가 있고, 특히 지금 우리들이 공부하고 있는 이 십이연기설(十二緣起說)을 '업감연기설(業感緣起說)'이라 부르기 때문에 '업'에 관해서 좀 더 살펴보아야 할 것이다.

인간은 차별적으로 태어나고 거기에 따른 행 · 불행이 있게 마련인데, 그 원인이 무엇인지를 추구하여 얻은 결론을 경에서는 '유(有)'라 설하고 있다. 즉 '유로 말미암아 생이 있다'고 설한다. 그렇다면 유란 무엇인가? 중생의 생은 단 한번만의 삶이 아니고 과거와 현재, 그리고 미래로 연결되어 생을 거듭한다는 것이 불교의 가르침이다. 소위 윤회사상(輪廻思想)인데, 여기서는 인간의 태어남 역시 창조신의 의지나 우연히 그렇게 되는 것이 아니라 과거에 태어날 경우, 그 태어나게 하고 나아가 생존을 존속시키는 힘을 '유(有)'라 한다.

이 유를 다른 말로는 '업(業)'이라 부르는데, 업이란 산스크리트어 '카르마(Karma, Karman)'를 번역한 것으로 '행위'라는 의미를 지니고 있다. 그러나 업은 우리가 생각하는 일반적인 행위와는 그 개념에 차이가 있다. 즉 어떤 행위를 했을 때, 그 행위가 끝난 뒤에 그것이 없어지는 것이 우리들이 생각하는 행위의 특색이지만, 그러나 생각해 보면 모든 행위에는 그것이 없어져도 무엇인가가 남아 있는 것을 알 수 있다. 예를 들면 남의 물건을 훔치는 행위는 훔치고 나면 없어져 버린다. 그러나 그것으로 도둑질의 행위가 없어져 버리는 것은 아니다. 마찬가지로 아무리 중요한 약속을 해도 그 약속의 말은 찰나에 사라지고 만다. 그러나 그 말은 보이지 않는 힘을 뒤에 남기고 있기 때문에 약속을 지켜야 하고 그렇지 못했을 때는 추궁을 받게 된다. 이와 같이 모든 행위—불교에서는 몸으로 짓고 입으로 짓고 뜻으로 짓는다고 한다—에는 보이는 부분[表業]과 뒤에 남아 보이지 않는 부분[無表業]이 있는데, 이 양자를 합한 힘을 불교에서는 '업'이라고 말한다.

업이란 것이 이렇게 중생으로 하여금 생존을 가능케 하는 힘을 가지고 있기 때문에 그것을 유라고 부른다. 그런데 이 유가 생으로 혹은 생의 존속으로 나타나는 현상을 보면 천차만별이다. 사람들이 짓는 일체의 행위, 즉 업은 그것이 행해졌을 때는 반드시 거기에 상응하는 과보(果報)를 끌어당기는 힘을 낳기 때문이다. 이것을 불교에서는 업보(業報)라고 한다. 이 업보에는 일정한 법칙이 있는데, 초기 경전에서도 이것이 잘 표현되어 있다.

> 궁중에 있어도 바다 속에 있어도,
> 산간의 동굴 속에 들어가도,
> 이 세상 어느 곳에 있더라도
> 악업으로부터 벗어날 수는 없다.
>
> —《법구경》127게

> 그 어떤 업도 없어지지 않는다.
> 그것은 되돌아와 원래의 임자가 그것을 받는다.
> 어리석은 자는 죄를 짓고,
> 다음 세상에서 그 괴로운 과보를 받는다.
>
> —《숫타니파타》666게

즉 업보에는 두 가지 원칙이 있는데, 첫째는 선 혹은 악의 업이 행해졌을 경우에는 좋아하는 또는 좋아하지 않는 과보가 필연적으로 생긴다고 하는 '업보의 물리적 필연성'이고, 둘째로 그 과보는 엄격하게 개체적이어서 한 개인의 행위적 주체에 귀착하는 '자업자득성(自

業自得性)’이다.

이렇게 업보에는 두 가지 법칙이 있기 때문에 사람들이 덕행(德行), 즉 이타적인 행위와 도덕적인 행위를 했을 때는 거기에 걸맞은 행복이 과보로서 나타나고, 반대로 악행(惡行)을 저지를 때는 불행의 운명을 맞게 된다. 그것도 철저하게 본인이 받는 것이어서 부모가 지은 업을 자식이 받는다든가 혹은 자식이 지은 업을 부모가 받는 등의 일은 있을 수 없다.

이렇게 보면 불교의 ‘업설(業說)’은 부처님이 배척한 두 번째의 의론인 숙명론이 아닌가 하는 의구심이 생길지도 모른다. 왜냐하면 업이라는 행위는 뒤에 보이지 않는 힘을 남기고 있기 때문에 우리들이 지난 생애에 자기가 한 행위 때문에 금생에 자신이 속박되는 그 범위 내에서는 숙명론적 성격이 있는 것은 피할 수가 없기 때문이다. 그러나 업(생을 있게 하는 유)의 의론은 결코 숙명론은 아니다. 왜냐하면 숙명론은 금생에서 행해지는 모든 행·불행이 전생에 지은 결과인 까닭에 절대불변이라고 하는 반면에 불교의 업설은 업을 초월해 나가는 의식의 활동을 보장하고 있기 때문이다. 다시 말하면 불교에서 말하는 업설은 업보에 비록 두 가지 원칙이 있다고 하지만, 그렇다고 해서 그것이 절대로 변할 수 없다고 보는 것은 아니다. 그래서 원시경전이나 율전을 비롯하여 대승경전 가운데는 이 두 가지 원칙을 초월하고 빗겨 나가며, 혹은 부수는 것이 있음을 기술하고 있다.

경전이 밝히고 있는 것에 의하면 여기에는 두 가지가 있다. 첫째의 원칙을 초월하는 것은 참회(懺悔)·수습(修習)·귀불(歸佛)·죄의 고

백에 의해서 악한 과보가 경감 혹은 없어지는 것이고, 둘째의 원칙을 초월하는 것은 선업의 공덕을 그 업의 작자 이외의 사람에게 돌려준다는 것이다. 《아귀사경(餓鬼事經)》이라는 경전에는, 의복을 입지 않은 여자 아귀를 보고 불쌍히 여겨서 의복을 주는 상인의 이야기가 있다. 거기에는 전생의 악업에 의해서 아귀의 과보를 받은 아귀에게 자신의 공덕을 돌려줌으로써 옷을 입을 수 있게 하는 업보의 초월이 기록되어 있다.

또한 《대지도론》 권 제57에는, "반드시 과보를 받아야 하기 때문에 《법구경》 가운데 이처럼 설하지만, 지금의 경우에는 반드시 과보를 받지 않아도 되는 것이기 때문에 '반야바라밀을 독송하면 칼에 다치지도 않는다'."고 설한다. 예를 들어 대역중죄(大逆重罪)에 의해서 죽음이 결정된 사람은 아무리 재산이 있다고 해도 그것을 면할 수 없다. 그러나 가벼운 죄를 지은 사람이 죽음의 문턱에 들어간다 해도 구제할만한 이가 필요한 권력이나 재산을 쓰면 목숨을 살릴 수 있다. 그렇지만 구제하지 않으면 죽게 된다. 선남자도 이와 같아서 만약 반드시 죄의 과보를 받지 않아도 될 경우에는 죽음이 눈앞에 닥쳤다 해도 반야바라밀을 독송하면 구제되고, 만약 독송하지 않으면 죽음을 면할 수 없게 된다고 설하여 역시 업보를 변화시킬 수 있는 수습을 밝히고 있다.

이렇게 업을 자신의 노력에 의해서 바꿀 수 있다는 것은 불교의 업설이 숙명론이 아님을 명확히 보여 주고 있다. 하여튼 우리들이 이 세상에 태어나는 경우 태어나게 하는 힘이 유(有)이고, 이 유가 있는 한 사람은 가령 죽어도 혹은 자살을 해도 허무에 돌아가는 것이 아니고, 반드시 어딘가에 몸을 바꾸어 태어나게 된다. 생사를 반복하면서 윤회의 세계에 중생을 묶고 가는 힘이 각자의 생존의 근저에 있는 유이다. 유는 업으로 인하여 있기 때문에 업의 과보를 받으면 그것만으로 유는 감소하지만, 그러나 새로운 업을 짓는 것에 의해서 유의 힘은 보급된다. 따라서 업을 짓는 한 유는 소멸되지 않고 언제까지나 생존을 반복해 나가는 것이다.

【 취(取) 】

그렇다면 이렇게 생존을 반복해 나가는 원동력인 유는 무엇으로 인하여 형성되는가? 이 유가 있게 된 원인을 탐구하여 발견된 것이 '취' 다. 여기서 말하는 취란 '취착(取着)' 혹은 '집취(執取)'의 의미인데, 설일체유부(說一切有部)에서는 이것이 네 가지로 성립되어 있다고 설한다. 그 네 가지란 욕취(欲取)·견취(見取)·계금취(戒禁取)·아어취(我語取)인데, 바로 이 네 종류의 취로 말미암아 업을 짓고 유가 축적되어 생(生)이 거듭되는 것이다.

네 가지 취 가운데 첫 번째의 욕취란 다섯 가지 욕망〔五欲〕을 탐하여 집착하는 것을 말한다. 다섯 가지 욕망이란 이른바 다섯 가지 감각기관인 눈·귀·코·혀·신체가 그 대상이 되는 빛깔과 소리와 냄새와 맛과 촉각에 집착하여 일으키는 다섯 가지의 욕심인 빛깔에 대한 욕망〔色欲〕, 소리에 대한 욕망〔聲欲〕, 냄새에 대한 욕망〔香欲〕, 맛에 대한 욕망〔味欲〕, 촉각에 대한 욕망〔觸欲〕이다. 이러한 욕망들은 좋은 것만을 추구하고 거슬리는 것은 거부하며, 또한 가능한 한 많은 것을 요구하는 것이기 때문에 만족할 줄을 모른다.

다섯 가지 욕망의 근원인 다섯 가지 감각기관을 제어함이 바로 수행이다. 만약 이 다섯 가지를 제멋대로 놓아 버리면, 그것이 추구하는 것은 끝이 없다. 그리고 이러한 인간의 욕망은 우리들의 현실생활에서 구체적으로 활동을 시작한다. 《대명삼장법수(大明三藏法數)》제24권에서는 이 구체적인 욕망 활동의 형태를 역시 다섯 가지로 나누고 있다. 이른바 재물에 대한 욕망[財欲]과 이성에 대한 욕구[色欲]와 음식물에 대한 욕심[飮食欲]과 명예를 추구하는 욕망[名欲]과 수면에 대한 욕구[睡眠欲]의 다섯 가지를 말한다. 우리 나라에서 과거에 정권이 바뀔 때마다 늘 몇 천억 원의 비자금 문제로 떠들썩하게 만들었던 정치권의 모습을 잊을 수가 없다. 인간의 재물욕에 대한 문제를 극명하게 보여주는 사건임에 틀림없다. 그러나 한편으로 생각하면 인간의 욕망이 어디 재물욕뿐이며, 그것의 차이는 있을망정 비단 정치권에만 해당되는 어리석은 욕망이겠는가. 다섯 가지 욕망의 끝없는 추구는 모든 인간의 공통된 사항이고, 따라서 이것의 탐착에 의해 우리들은 업을 짓고 유를 형성하는 것이다.

두 번째의 견취란 견(見)에 집착하는 것을 말한다. 견이란 생각이라든지 견해 혹은 사상을 일컫는 말로 종교적 신념이나 정치적 · 사상적 이데올로기 등이 모두 여기에 해당한다. 또한 죽은 후에는 아무것도 남지 않는다고 하는 무견(無見), 자신이 사후에 상주한다고 하는 유견(有見), 인과의 도리는 없다고 하는 사견(邪見) 등도 견에 포함된다. 나아가 신체를 자기라고 보는 유신견(有身見)이 있다. 이러한 견에 집착하는 것이 견취이다.

이외에도 견취에는 자기 종교나 혹은 자기가 믿는 사상적 이데올로기를 절대적인 진리라고 신봉하여 타인의 그것을 배격하는 습성이 포함되어 있다. 사람에게는 각자 믿는 종교가 따로 있는가 하면, 사람의 능력이나 성격 등이 다르기 때문에 그 신조 또한 가지각색이다. 때문에 각자에 맞는 신조는 같지 않다. 그런데도 불구하고 만약 그러한 사실을 부정하여 자기의 종교나 이념이야말로 유일절대라고 생각하면 필연적으로 싸움이 일어나고, 국가간에는 전쟁이 벌어진다. 이 싸움은 진리와 진리의 대결이 되기 때문에 해결은 불가능하다. 그리고 결국 물리적으로 힘이 센 자가 이긴다. 그러나 그것은 진리의 우열을 폭력으로 정하는 결과를 낳기 때문에 또 다른 폭력을 잉태한다.

타인의 종교를 능멸하여 자기 종교로 개종시키기 위해서 전쟁에 호소한 예는 세계 역사상 특히 서양 사회에서 적지 않았고, 과거에 일어났던 보스니아 내전도 그 좋은 본보기라 할 수 있다. 그들은 인종적인 우월주의와 종교적인 편견으로 세계 도처에서 인명을 살상했다. 그러나 타인을 개종시키기 위해서 전쟁에 호소하는 것은 객관적으로 보아 종교 본연의 자세라고 할 수가 없다. 그것은 종교의 탈을 쓴 폭력일 따름이다. 그리고 아무리 자기 종교가 옳다고 생각하더라도 전세계를 자기의 종교로 개종시키는 것은 불가능하다. 그것은 세계사가 잘 보여 주고 있다. 그런데도 이러한 사실을 확실히 인식하고 있는 종교는 적은 것 같고, 그 때문에 세계에는 끊임없이 종교에 바탕을 둔 전쟁이 일어난다. 불교는 처음부터 종교전쟁을 하지 않은 유일한 종교로 인식되고 있다. 그것은 능력에 따라 각자의 견해가 다른 것은 부처님은 용인하였고, 따라서 '이것만이 진리이고, 다른 것은 틀린다'라고 하는 견해에 떨어지지 말 것을 제자들에게 가르쳤기 때문이다. 하여튼 '견취'는 인간이 가지고 있는 큰 약점임과 동시에 업을 짓는 원인이 된다.

세 번째의 계금취란 잘못된 수행방법에 집착함을 말한다. 즉 원인과 도(道)가 아닌 것을 원인과 도라고 집착하여 거기에 따라 수행하는 고집이다. 그 가운데는 세상의 원인이 창조주에 있다고 하는 견해도 포함되어 있다. 또한 인도에서는 옛날부터 깨달음의 수행을 위해서 물 속에 들어가거나 불에 몸을 던지는 삿된 고행이 행해졌는가 하면, 천상에 태어나기 위해서 소나 개가 하는 짓이 행해졌다. 소처럼 풀을 먹고, 개처럼 똥을 먹는 것이 청정을 얻는 방법이라고 고집했다. 이러한 틀린 수행법은 지금도 일부에서 암암리에 행해지고 있다.

그러나 만약 창조주가 세상의 원인이라면 인간으로서는 할 일이 없어진다. 물 속에 오래 있는 것이 깨달음의 길이라면 개구리는 깨달음을 얻어야 한다. 다만 오래 앉아 있는 것이 선정을 얻는 방법이라면 산기슭의 바위는 벌써 깨달았어야 한다. 생각해 보면 너무나 자명해지는 것을 어리석음 때문에 깨닫지 못하고, 잘못된 가르침과 수행법에 집착하기 때문에 인간은 고통에서 벗어날 수 있는 길을 빗겨 가고 있다.

네 번째의 아어취란 언어로 표현된 '자아(自我)'에 취착하는 것을 말한다. 우리들은 곧잘 '나[我]'라는 말을 한다. 그러나 이 나라는 것은 눈에 보이는 신체처럼 명료한 것이 아니다. 단지 우리들은 마음 가운데 어떤 것을 나라고 상정해서 그것을 언어로 표현하고 있을 뿐이다. 그런데도 사람들은 이 언어로 표현된 자아가 그대로 실재한다고 집착하고, 거기에 따른 자기 것에 탐착한다. 여기에서 인간의 번뇌가 시작된다.

그러나 우리들이 생각한 자아가 그대로 실재한다고 하는 증거는 없다. 가령 많은 사람들이 자아라고 생각하고 있는 마음을 보자. 마음은 무상하여 끊임없이 생멸하고 있다. 만약 자아가 생멸하지 않고 실재한다고 하면 무상한 마음과 실재하는 자아는 분리하는 것이 되고, 관계가 없는 것이 되고 만다. 역으로 만약 자아가 마음의 영향을 입어서 고락을 느끼고 변화한다면, 그것은 실재한다고 말할 수 없다. 그런데도 사람들은 이와 같이 생각하지 않고 자기가 이해한 대로 자아가 그처럼 마음 가운데에 실재한다고 해서 그것에 집착한다. 그러나 자아란 있는 것이 아니다. 그것은 단지 언어로서만 존재할 뿐이다.

중생은 이상의 네 가지 취에 의해서 업을 짓는다. 때문에 취가 있는 한 업은 계속되고, 유는 소멸되지 않는다. 이 까닭에 경에서는 '취로 말미암아 유가 있다'고 설하는 것이다.

【 애(愛) 】

다음으로 앞에서 설명한 취가 어떻게 해서 존재하게 되는지를 탐구하여 얻은 것이 '애'다. 취를 소멸하면 생존의 고통은 그것으로 끝

낼 수 있지만, 그러나 취를 없앤다는 것은 그렇게 용이하지가 않다. 왜냐하면 취에는 그 배후에 이것을 지지하는 강력한 힘이 있기 때문이다. 그 힘을 애라고 한다. 애는 '갈애(渴愛)'라고도 말하는데, 목이 마른 사람이 물을 구하는 것 같은 강한 욕구를 의미한다. 아마 한여름에 목이 말라 본 사람이라면 물을 구하는 심정을 이해할 것이다. 사랑을 갈구하는 마음이 그와 같음을 비유해서 한 말이다.

이 애에는 몇 가지 종류가 있고, 경전이나 논서에 따라서 그 분류에 조금씩의 차이가 있다. 가장 대표적인 것이 3애(三愛)설인데, 여기에도 첫째, 욕애(欲愛) · 색애(色愛) · 무색애(無色愛)의 셋으로 나누는 것과 둘째, 욕애(欲愛) · 유애(有愛) · 무유애(無有愛)의 셋으로 나누는 두 가지 설이 있다. 첫 번째의 설은 삼계(三界) 중 어느 세계를 갈망하는가 하는 것으로 나눈 애고, 두 번째의 설은 욕망의 세계에서 갈망하는 것을 나눈 애이다. 따라서 우리들은 두 번째의 애를 살펴봄으로써 애를 보다 분명하게 알 수 있다. 먼저 욕애란 남녀간의 애정을 비롯하여 재산 · 명예 · 식욕 · 수면 등의 세속적인 모든 욕구를 말한다. 다음 유애의 유란 존재를 말하는데, 죽은 후 다음 세상에서는 행복과 쾌락이 많은 천상 등에 태어나고자 하는 욕구를 말한다. 마지막으로 무유애의 무유란 존재가 없다는 뜻으로 존재가 없는 허무를 갈망하는 욕구이다.

이렇게 인간에게는 여러 종류의 욕망이 있지만 이것을 통틀어 애라고 부르는 것은 애라는 것이 다른 욕망을 추진시키는 기본이 되는 동시에 맹목적인 욕망이기 때문이다. 사실 우리들이 이성을 갈망하는 마음은 논리적으로 그 이유를 설명할 수 있는 성질의 것이 아니다. 그리고 그 욕망의 근저에는 또 다른 욕망이 도사리고 있다. 다름 아닌 불만족성(不滿足性)으로서의 욕구이다. 일반적인 욕망이나 집착은 충족되면 곧 소멸한다. 재물욕이든 성욕이든 명예욕이든 항상 일어나 있는 것은 아니다. 재산이든 지위이든 간에 자기가 처음 원했던 것이 이루어지면 사람은 일단 만족한다. 그러나 얼마 있지 않아 그것에 만족하지 못하게 되고, 나아가 더 큰 재산, 더 높은 지위를 바라는 욕망이 생긴다. 이처럼 인간으로 하여금 현상에 만족하지 못하게 하고 끊임없이 높은 것을 구하게 하는 욕망이 있다. 이 불만족을 느끼게 하는 속성이 불만족성이고 이것이 바로 갈애다.

우리들은 그러한 예를 주변에서 수없이 접할 수 있다. 가령 한 나라의 대통령을 지냈다면 그 이상의 명예는 없다. 그런데도 대통령을 지배하는 대통령이 되기 위하여 헛된 꿈을 꾼 사람도 있고, 대통령으로서 누렸던 명예를 재물로 계속하고자 하여 국민을 기만한 사람도 있다. 그렇다고 그러한 것이 특정한 몇 사람에 해당하는 것은 아니다. 누구나 젊을 때는 죽음에 연연하지 않고 70, 80세까지만 살면 족하겠다고 생각한다. 그러나 50세를 넘기면 70살은 적다고 생각하여 100살까지는 살아야겠다고 생각한다. 그렇지만 역시 100살이 가까워지는 사람은 100살로 만족하지 않는다. 더 오래 살고 싶다는 욕망은 다하지 않는다.

이처럼 채워도 채워도 만족을 느끼지 못하고서 더욱더 많은 것을 구하는 불만족성이 갈애다. 우리들의 마음은 이 갈애에 조종되어 움직이고 있다. 그 때문에 생존 자체가 고통이 되어 있는 것이다. 그래서 경에서는 '애로 말미암아 취가 있다' 고 설하는 것이다. 이 말은 갈애를 멸하지 않으면 취는 없어지지 않는다는 의미다. 그러나 갈애를 멸하는 것은 용이하지 않다. 왜냐하면 다른 번뇌는 갈애의 도움을 받아서 일어나지만, 갈애 자신은 다른 번뇌의 도움을 받지 않고 스스로 일어나기 때문이다.

【 수(受) 】

그렇다면 애를 일으키는 원동력은 무엇인가? 이것을 탐구하여 발견한 것이 '수' 다. 수란 감각작용으로 여기에는 고수(苦受)·낙수(樂受)·불고불락수(不苦不樂受)의 세 가지가 있다. 즉 고통을 느끼는 작용, 즐거움을 느끼는 작용, 고통도 아니고 즐거움도 아닌 것을 느끼는 작용이다. 이 수는 비유하자면 잠을 깨우는 자극과 같은 것이다. 애는 번뇌의 상태이긴 하지만 수면과 같은 것이어서 어떤 자극이 없는 한 활동하지는 않는다. 그러나 수의 자극에 의해서 잠들어 있던 애가 그 잠에서 깨어나 활동을 시작한다. 따라서 수는 애가 생기는 계기를 마련하는 원인이라 할 수 있다. 바꾸어 말하면 고통의 직접적인 원인이라 할 수 있는 애를 멸하지 않아도 애를 잠에서 깨우는 수가 작용하지 않으면 애는 현실화되지 않는 것이다.

또한 수에는 '영납(營納)'의 의미가 있다. 외계의 자극을 느낄 뿐만 아니라 그것을 받아들인다는 뜻이다. 따라서 수에 의해서 마음속의 인식이 일어나는 것이다. 때문에 수에 의해서 일어나는 것은 비단 갈애만이 아니다. 마음속에서 일어나는 모든 심리작용이 수로 말미암아 일어난다. 그리고 애도 그러한 것들 가운데 포함된다. 그 까닭에 경에서는 "수로 말미암아 애가 있다."고 설한다.

【 촉(觸) 】

다음으로 이 수는 무엇을 인연으로 하여 촉발되는가 하는 문제를 추구하여 얻은 것이 '촉'이다. 촉을 인연으로 해서 수가 생긴다는 의미다. 촉이란 '접촉하는 것'의 의미로, 여기에는 눈의 접촉[眼觸], 귀의 접촉[耳觸], 코의 접촉[鼻觸], 혀의 접촉[舌觸], 신체의 접촉[身觸], 마음의 접촉[心觸]인 여섯 가지 종류가 있다. 그러나 이러한 여섯 가지 접촉은 눈 혹은 마음 그 자체만으로 생기는 것이 아니고, 감각기관[根]과 감각기관의 대상[境]과 인식[識]의 화합에 의해서 생기는 것이다. 여기서 말하는 감각기관이란 눈·귀·코·혀·신체·마음인 여섯 가지 감각기관[六根]이고, 감각기관의 대상이란 색깔의 형태·소리·냄새·맛·접촉·생각되어지는 것인 감각기관의 여섯 가지 대상[六境]을 말한다. 그리고 인식이란 눈의 인식, 귀의 인식, 코의 인식, 혀의 인식, 신체의 인식, 마음의 인식인 여섯 가지 인식[六識] 작용이다.

여기서 처음의 눈의 접촉은 눈의 색깔·형태와 눈의 인식이 화합에 의해서 생기고, 두 번째의 귀의 접촉은 귀와 소리와 귀의 인식이 화합하는 것에 의해서 생기는 것이다. 이 때문에 우리들이 사물을 인식하는 데는 무엇을 느끼는 수(受)보다 먼저 촉이 있을 수밖에 없다.

이렇게 보면 촉이란 감각기관과 감각기관의 대상과 인식을 '결합하는 것'이라 할 수 있다. 사실 색깔과 형태 혹은 소리 등의 대상은 외계에 있기 때문에 이것은 물리적인 자극이다. 그리고 감각기관의 지각은 외계를 직접 지각하는 것이 아니고, 촉에 의해서 외계의 물리적 자극이 심리적인 것으로 변화하여 그것을 지각한다. 여기에서 비로소 인식이 일어나는 것이다. 즉 눈과 색깔·형태와 눈의 인식의 세 가지가 있어도 촉이 그러한 것을 결합하지 않으면 인식은 일어나지 않는 것이다.

이와 같이 촉은 '접촉하는 것'이고, 감각기관의 작용을 자극해서 외계에 닿게 만드는 것이다. 그리고 감각기관과 감각기관의 대상과 인식의 화합이 있을 때 먼저 촉이 작용하고 이어서 수가 있긴 하지만, 그러나 시간적으로는 이러한 모든 것이 동일 시간에 작용한다. 단지 논리적으로 수보다 촉이 앞에 있기 때문에 "촉으로 말미암아 수가 있다."고 말하는 것이다.

【 육입(六入) 】

그렇다면 외계와의 접촉은 무엇에 의해서 이루어지는가? 이것을 추구해서 얻은 것이 '육입'이다. 육입은 육처(六處)라고도 부르는데, 처라는 말이 장소·영역이라는 뜻이기 때문에 '여섯 가지 영역'이라는 의미가 된다. 여섯 가지란 보는 영역인 눈〔眼處〕, 듣는 영역인 귀〔耳處〕, 냄새를 맡는 코〔鼻處〕, 맛을 보는 혀〔味處〕, 추위나 더위 혹은 부드럽거나 거친 것 등을 느끼는 신체〔身處〕, 생각의 영역인 마음

〔意處〕이다. 바로 이 눈·귀·코·혀·신체·마음의 여섯 가지에 의해서 외계와의 접촉이 성립되는 것이다.

우리들은 이미 열두 가지 영역〔十二處〕을 공부할 때 여섯 가지 영역이 구체적으로 무엇을 뜻하는지 살펴본 바 있다. 가령 눈의 영역이란 안구는 물론 시신경을 포함하고, 귀의 영역이란 고막 등을 말하는 것이다. 또한 생각의 영역인 마음에는 눈으로 하는 안식(眼識)을 비롯한 여섯 가지 인식이 포함되어 있다. 따라서 육입은 눈 등의 여섯 가지 감각기관과 그 감각기관의 여섯 가지 대상과 여섯 가지 인식이 포함된 것을 의미한다. 그래서 앞에서 말한 것처럼 감각기관과 감각기관의 대상과 인식의 화합에 의해서 촉이 있다는 것은 경에서 말하는 "육입으로 말미암아 촉이 있다."는 말과 동일한 의미로 볼 수 있다.

【 명색(名色) 】

그렇다면 이 육입이라고 하는 것은 어떻게 해서 있는 것인가? 이것을 물어서 발견한 것이 '명색'이다. 불교에서는 일체의 존재를 형성하고 있는 것을 다섯 가지 구성요소로 나누어 설명하고 있다. 물질적 존재〔色〕·감각〔受〕·표상〔想〕·의지〔行〕·인식〔識〕이 그것이다. 이 가운데 '명(名)'이란 감각·표상·의지·인식을 말하고, '색(色)'이란 물질적 존재를 의미한다. 다시 말하면 다섯 가지 구성요소〔五蘊〕라는 것이 인간의 육체와 정신으로 되어 있다는 의미이기 때문에, 명색이란 개개인을 형성하고 있는 것을 마음과 신체라는 두 가지로 나눈 것이다.

우리들이 존재한다는 것은 인식론적으로 말하면 육입이 있는 것을 의미한다. 그러나 육입에 의한 인식이 가능한 것은 개체로서의 자신이 먼저 존재해야 한다. 즉 우리들이 마음과 육체를 가지고 살아 있다는 것이 육입이 활동하는 조건이다. 그 까닭에 경전에서는 "명색으로 말미암아 육입이 있다."고 설한다.

【 식(識) 】

다음으로 명색은 무엇으로 인연하여 있는지를 탐구하여 얻은 것이 '식'이다. 식은 눈의 인식[眼識] 등 여섯 가지 인식[六識]을 말하는데, 여기서는 그 여섯 가지를 하나로 취급하여 그냥 '식'이라 부르고 있다. 우리들은 명색, 즉 마음과 육체를 합일에 의해서 살아서 존재할 수 있는데, 그 밑바탕에는 명색이 식에 의해서 통일되어 생명을 유지하고 있다는 것이다.

인간이 살아 있다는 것은 호흡을 한다든가 음식을 섭취한다든가 사유하는 등의 생리적·심리적인 영위를 하는 것을 말한다. 그러나 오장육부를 비롯한 육체의 활동이나 심리활동의 밑바탕에는 이러한 잡다한 활동을 통일하고 있는 작용이 있다. 만약 이 통일의 작용이 없다면 우리들의 심신이 정연한 조화를 이루어 활동하는 것은 불가능하다. 가령 호흡이나 심장의 활동 등은 마음이 잠들어 있을 때도 쉬지 않고 계속되는데, 이러한 것은 모두가 인간의 모든 활동을 통일하는 것으로서의 식이 있기 때문에 가능한 것이다. 그래서 "식으로 말미암아 명색이 있다."고 설하는 것이다.

【 행(行) 】

그렇다면 식은 무엇을 인연으로 해서 있는가? 이것을 탐구해서 발견한 것이 '행'이다. 행이란 말은 이 12연기설의 항목 외에도 삼법인(三法印)의 하나인 제행무상(諸行無常)이라고 할 때의 행과 다섯 가지 모임〔五蘊〕의 하나인 행에서도 나타나고 있다. 이 모두가 범어 상스카라(saṃskāra)의 역어(譯語)로서 위작(爲作)·조작(造作) 등의 뜻으로 해석한다. 즉 '만들어진 것' 혹은 '지어서 만드는 힘'을 행이라고 한 것이다.

이 행에는 신행(身行)·구행(口行)·의행(意行)의 세 종류가 있는데, 이것은 행이라는 말이 업(業)과 같은 의미를 지니고 있음을 뜻한다. 위의 식은 인식이나 판단을 하는 힘인데, 그 배후에는 그 사람이 가진 특유의 습관이 있다. 우리들이 식에 의해서 사물을 인식하고 판단하는 것은 완전한 백지의 상태에서 이루어지는 것은 아니다. 이미 특유의 욕망이나 성격, 소질 등에 채식되어 거기에 움직여 판단한다. 가령 사냥이나 낚시를 하는 행위를 두고 어떤 사람은 살생이라고 죄악시하는가 하면, 또 다른 사람은 건전한 레저라고 당연시한다. 무엇 때문에 한 가지 사안을 두고 사람마다 이렇게 가치기준이나 판단이 다른가? 그것은 식에 갖추어져 있는 습성, 즉 업이 다르기 때문이다. 이렇게 식을 배후에서 조종하면서 개인적인 것으로 형성하는 힘이 행이다. 그래서 "행으로 말미암아 식이 있다."고 설하는 것이다.

【 무명(無明) 】

　마지막으로 행, 즉 업은 무엇 때문에 짓게 되는지를 고찰해서 발견한 것이 '무명' 이다. 무명이란 '명(明)' 이 없다는 의미로서, 여기서 말하는 명은 지혜(智慧)를 뜻한다. 그러니까 지혜가 없는 것을 무명이라 할 수 있다. 그러나 무명의 보다 구체적인 의미는 단순히 올바른 지혜가 없다는 것뿐만 아니라 진리를 깨닫지 못하고 미망에 덮여 있는 상태를 말한다. 이 미망성은 맹목적이다. 가령 어떤 중생이든 간에 살고자 하는 의욕을 가지고 있는데, 그 살고자 하는 욕망은 어떤 목적이 있는 것이 아니다. 우리들은 여름날 기성을 부리는 모기를 대할 때 저것들이 무엇 때문에 저렇게 살려고 하는지를 알지 못한다. 어디 모기뿐인가. 우리 인간 역시 마찬가지다. 인간이 살고자 하는 데는 특별한 이유가 있는 것이 아니다. 그 맹목적인 삶의 욕구가 바로 무명이다.

　우리들이 만약 그 무명심을 바로 볼 수만 있다면 행은 저절로 없어지고 생사의 고통도 사라진다. 그러나 무명을 확연히 본다는 것은 그렇게 용이하지 않다. 왜냐하면 무명은 일종의 꿈과 같은 것이어서 꿈을 꾸고 있는 상태에서는 그것이 꿈인 줄 모르기 때문이다. 꿈속에서는 꿈 그 자체가 절대적인 가치를 가지기 때문이다. 이와 마찬가지로 무명에 의해서 마음이 미혹되어 있는 사이에는 무명의 미망성을 알 수 없다. 미혹되어 있는 상태에서는 무명을 보려고 해도 보이지 않는다. 우리들이 수행을 하는 이유가 여기에 있다. 만약 잠을 깨고 나면 꿈인 것을 알듯이, 우리들이 어떤 수행을 통해서 무명을 발견한 때에는 무명은 없어지고 만다. 결국 무명이라는 것은 앎에 의해서 없어진다. 따라서 무명이 무엇을 인연으로 해서 생기는지를 더 추구할 필요가 없고, 12인연은 무명을 발견하는 것에서 끝나는 것이다.

이제《반야심경》에서 설하는 12인연도 없고 12인연이 다함도 없다는 이유를 설명할 때가 되었다. 지금까지 살펴본 것처럼 12인연은 생사의 고통을 없애기 위해서 그것이 발생하게 된 원인을 추구하여 마침내 무명을 발견한 것이다. 그러나 그러한 교법체계는 현상적인 인간 육신이 있다는 것을 가정하고 설한 의론이다. 그렇지만 공 가운데는 그러한 어떤 법도 존재하지 않는다. 오직 무(無)일 뿐이다.

(6) 심신(心身)이 없으면 고통이 없다

◉

無苦集滅道
고통, 고통의 원인, 고통을 제거하는 것, 고통을 제거하는 것에 이르는 길도 없다.

【 제2의 설법〔第二轉法輪〕 】

일반적으로 석가모니 부처님의 생애에 관한 전기를 불타전(佛陀傳) 또는 불전(佛傳)이라고 말하는데, 그 불전 중에는 범천권청(梵天勸請)이라는 부분이 있다. 여기서 말하는 범천이라고 하는 것은 그 당시 바라문교(婆羅門敎)의 최고신으로서 높이 숭앙되고 있던 신(神)의 이름이다. 그 신인 브라만(Brahman)이 부처님께 "사람들에게 부처님께서 깨달은 진리를 설하여 주십시오."라고 권청했다는 것이 범천권청이다. 거기에 담겨 있는 사정에 관하여 남전(南傳)《상응부(相應部)》6.1 권청(勸請)에서 기술하고 있는 내용을 요약해서 말하면 이러하다.

어느 때 부처님께서는 우루벨라의 네란자라 강기슭에 서 있는 한 그루의 보리수 아래에 계셨는데, 그것은 정각(正覺)을 성취하신 지 얼마 되지 않았을 때의 일이었다. 그때 부처님께서는 혼자 앉아서 조용히 다음과 같이 생각하셨다.

'내가 지금 증득한 이 법은 매우 심오하여 보기 어렵고 깨닫기 어려운 것이다. 적정미묘(寂靜微妙)하여 사념의 영역을 넘어 심묘(深妙)하므로 현자만이 가까스로 알 수 있을 것이다. 그런데 사람들은 온갖 욕락만을 즐기고 욕락만을 기뻐하며 욕락 속에 날뛴다. 이렇게 욕락만을 즐기고 욕락만을 기뻐하며 욕락 속에 날뛰는 사람으로서는 이 법을 보기가 어렵다. 그것은 연(緣)에 의한다는 것, 즉 연기(緣起)라는 법이다. 이 연기의 이치는 알기 어렵고, 그들은 이 열반의 이치를 깨닫기 어려울 것이다. 내가 만약 설법을 한다 해도 사람들이 이것을 이해하지 못한다면 나는 그저 피곤하고 고통스러울 따름일 것이다.'

이렇게 부처님은 설법의 문제를 앞에 놓고 우선 주저하셨다. 왜냐하면 부처님께서 깨달은 진리는 세상의 상식을 뒤엎은 것이었고, 여기에다 세상 사람들은 탐욕과 분노에 사로잡히고 격정과 무명에 덮여 있었기 때문이었다. 따라서 그 진리를 설해 보았자 스스로만 지치고 말 것이라는 생각이 들었던 것이다.

그러나 그때 부처님이 설법을 주저하고 있음을 알아차린 범천은 '아아, 세상은 멸망하겠구나. 진정 세상은 멸망하겠구나. 지금 부처님의 마음은 침묵으로 기울어 설법하시기를 원치 않으신다' 고 걱정한 나머지 급히 부처님 앞에 나타나 합장하여 예를 올리고 다음과 같이 세 번이나 말씀드렸다.

세존이시여, 법을 설하시옵소서. 원컨대 법을 설하시옵소서. 이 세상에는 눈이 티끌로 가려짐이 적은 사람도 있습니다. 그들은 법을 듣지 못한다면 타락할 것이지만, 그러나 그들도 법을 듣는다면 필시 깨달음을 얻을 것입니다.

범천왕의 청함을 듣고서 부처님은 다시 한 번 중생들에 대한 연민의 마음이 생겨 불안(佛眼)으로 세상 사람들의 모습을 관찰했다. 거기에는 더러움이 많은 사람도 있고 어리석은 사람도 있었다. 훌륭한 모습을 지닌 사람도 있고 흉한 모습을 지닌 사람도 있었다. 가르치기 쉬운 사람도 있고 가르치기 어려운 사람도 있었다.

그 중에는 내세의 죄과(罪過)에 대한 두려움을 알고 있는 사람도 보였다. 그 모습은 예를 들면 연못에 피는 청련화(靑蓮華) · 황련화(黃蓮華) · 백련화(白蓮華)가 물 속에서 생겨나고 자라서 물 속에 머물고 있는 것도 있고, 혹은 물속에서 생겨나고 자라서 물 위로 솟아올라 꽃이 피어 있지만, 그러나 모두가 물에 젖지 않는 것과 같았다. 이렇게 중생의 모습을 관찰하신 부처님께서는 다음과 같은 게송으로 범천왕의 간청에 답함으로써 설법하기로 결심하셨다.

그들에게 감로(甘露:죽지 않는다는 뜻)의 문이 열렸다.
귀 있는 자들은 듣고 낡은 믿음을 버려라.
범천이여, 나는 미혹한 사람들이 미묘하고 훌륭한 법을 손상하지 않을까 생각하여 설하지 않으려 했을 뿐이다.

부처님께서 진리를 깨달았다는 것은 불교에서는 가장 중요한 일이다. 만약 그러한 사실이 없었다면 오늘의 불교는 있을 수 없기 때문이다. 그러나 그 깨달음의 내용이 설법이라는 형식을 통해서 객관화되지 않았다면 어떻게 되었을까? 아마도 부처님은 연각(緣覺)의 한 분으로 기억되었을 따름이고, 따라서 불교는 성립하지 않았을 것이다. 이렇게 볼 때 부처님께서 설법을 결심하셨다는 사실은 불교의 입장에서는 부처님의 탄생이나 성도(成道) 못지않은 중요한 의미를 갖는다.

이렇게 범천의 권청을 받았던 부처님은 깨달음의 내용을 설하기 위하여 성도의 땅 부다가야를 떠나 베나레스로 여행하신다. 그리고 그곳에 있는 녹야원(鹿野園)에서 아야교진여를 비롯한 다섯 사람의 제자들에게 최초의 설법을 하셨다. 이 최초의 설법을 초전법륜(初轉法輪)이라 부른다. 처음으로 진리의 수레바퀴를 굴렸다는 뜻이다.

이 초전법륜의 내용은 여러 경전에서 자세히 전하고 있는데, 그 중의 하나인 남전《상응부》56.11 여래소설(如來所說)에서는 부처님께서 다섯 명의 비구들에게 이렇게 말씀하고 있다.

비구들이여, 그러면 여래가 눈을 뜨고 지혜가 생기고 적정(寂靜)·증지(證智)·등각(等覺)·열반(涅槃)에 이르게 하는 중도(中道)를 깨달았다고 하는 것은 어떤 것인가. 그것은 여덟 가지 바른 깨달음에 이르는 길〔八支聖道〕을 말하는 것이다. 즉 올바른 견해〔正見〕, 올바른 사유〔正思惟〕, 올바른 말〔正語〕, 올바른 행위〔正業〕, 올바른 직업〔正命〕, 올바른 노력〔正精進〕, 올바른 주의력〔正念〕, 올바른 정신통일〔正定〕이다. 비구들이여, 이것이 여래가 깨달을 수 있었던 중도여서, 이것이 눈을 뜨게 하고 지혜를 생기게 하고 적정·증지·등각·열반에 이르게 한 것이다.

비구들이여, 고통이라는 성스러운 진리〔苦聖諦〕란 이런 것이다. 태어난다는 것은 괴로움이다. 병드는 것은 괴로움이다. 죽는 것은 괴로움이다. 한탄과 슬픔, 근심과 걱정도 괴로움이다. 싫은 사람을 만나는 것은 괴로움이다. 사랑하는 사람과 이별하는 것은 괴로움이다. 구해도 얻지 못하는 것은 괴로움이다. 통틀어 말해서 인간의 존재를 구성하는 그 자체가 괴로움이다.

비구들이여, 고통의 원인이라는 성스러운 진리〔集聖諦〕는 이러하다. 미혹의 삶을 불러일으키고 기쁨과 탐욕을 수반하며, 이것저것 얽혀 드는 갈애(渴愛)가 그것이다. 욕(欲)의 갈애, 유(有)의 갈애, 무유(無有)의 갈애가 그것이다.

비구들이여, 고통이 멸진한 성스러운 진리〔滅聖諦〕는 이러하다. 말하자면 그 갈애를 남김없이 떨쳐 없애고 버리며, 뿌리치고 해탈해서 집착 없음에 이르는 것이다.

부처님께서 최초로 설한 이 법문을 우리들은 네 가지 성스러운 진리〔四聖諦〕라고 부른다. 이 법문에는 우선 인생 그 자체가 고통이라고 전제하고, 그 고통이 생기는 원인의 분석과 고통을 없애는 여덟 가지 방법, 그리고 고통이 사라진 열반을 말하고 있다.

이러한 부처님의 성도와 설법의 주저, 그리고 진리의 수레바퀴를 굴리는 초기경전의 모습은 그대로 대승경전에서도 이어져 나타나고 있다. 《대품반야경》〈대여품〉 제54에는 설법을 주저하는 부처님의 마음을 이렇게 설시하고 있다.

여러 천자들아, 물질적 존재가 바로 일체지(一切智)이고, 일체지가 바로 물질적 존재다. 나아가 일체종지(一切種智)가 바로 일체지이고, 일체지가 바로 일체종지다. 물질적 존재의 진실한 모양 내지 일체종지의 진실한 모양은 하나의 진실한 모습이어서 둘이 없고 다름이 없다.

여러 천자들아, 뜻이 이러한 까닭에 부처님은 처음 성도(成道)를 했을 때에 마음속에서 가만히 있으려고 하여 설법하는 것이 내키지 않았다. 왜냐하면 이 모든 부처님의 아뇩다라삼먁삼보리는 심히 깊어서 보기 어렵고 알기 어려우며, 사유로서 알 수가 없기 때문이다. 미묘하고 영원히 평안한 지혜로운 이는 능히 알겠지만, 일체의 세간으로서는 믿을 수가 없는 것이기 때문이다. 왜냐하면 아뇩다라삼먁삼보리는 얻는 이도 없고, 얻는 정소도 없으며, 얻는 시간도 없기 때문이다.

부처님께서 성도 후에 설법을 주저하셨다는 것에 대해서는 남전(南傳)의 《상응부경전》이나 지금의 《대품반야경》 사이에 별 차이가 없다. 단지 여기서는 설법을 주저하시는 부처님의 마음을 움직이는 범천과 설법을 결심하는 모습 등이 묘사되어 있지 않을 뿐이다. 그러나 반야경이 설해지는 가운데 이들 또한 자연스럽게 등장하는데, 그때의 상황을 《대품반야경》 〈무작품〉 제43을 통하여 살펴보자.

"이 반야바라밀은 아라한의 법을 주지도 않고, 범인의 법을 버리지도 않는다. 벽지불의 법을 주지도 않고, 아라한의 법을 버리지도 않는다. 불법을 주지도 않고, 벽지불의 법을 버리지도 않는다. 이 반야바라밀은 또한 함이 없는 법을 주지도 않고, 함이 있는 법을 버리지도 않는다. 왜냐하면 많은 부처님이 계시든, 혹은 많은 부처님이 계시지 않든 이 모든 것의 모양은 항상 머무르는 것이어서 다름이 없고, 있는 그대로의 모양, 참된 이치의 머무름, 모든 것의 변하지 않는 위치는 항상 머무르는 것이어서 못됨이 없고, 앓음이 없기 때문이다."

그때 많은 천자(天子)들이 허공 가운데 서서 큰 음성을 내어 춤을 추며 기뻐하고, 청련화(靑蓮華) · 홍련화(紅蓮華) · 황련화(黃蓮華) · 백련화(白蓮華)를 가지고 부처님 위에 뿌리면서 이와 같이 말했다.

"저희들은 염부제(閻浮提)에서 두 번째 진리의 수레바퀴〔第二法輪〕가

구르는 것을 봅니다."

《대품반야경》에서는 범천을 대신하여 천자들이 등장하고 있다. 그리고 부처님이 연꽃의 모습에서 중생의 근기를 관찰하는 것이 아니고, 그 천자들이 갖가지 연꽃을 부처님 위에 뿌리면서 부처님을 찬탄하고 있다. 그 찬탄하는 말이 "저희들은 염부제에서 두 번째 진리의 수레바퀴가 구르는 것을 본다."는 것이다. 우리들은 여기서 초기경전이 설해지는 인연과 반야경의 그것이 조화되는 극치를 볼 수가 있다.

두 번째 진리의 수레바퀴! 경에서는 최초의 설법 때와는 다르게 설해지는 부처님의 설법을 두 번째 진리의 수레바퀴가 구르는 것이라고 말하고 있다. 네 가지 성스러운 진리라는 설법으로 최초의 진리의 수레바퀴가 구르기 시작했다면, 반야바라밀이라는 설법은 두 번째 진리의 수레바퀴가 구르는 것이다.

【 네 가지 성스러운 진리 】

두 번째 진리의 수레바퀴인 반야바라밀이란 무엇인가? 경에서는 "아라한의 법을 주지도 않고 범인의 법을 버리지도 않으며, 벽지불의 법을 주지도 않고 아라한의 법을 버리지도 않으며, 불법을 주지도 않고 벽지불의 법을 버리지도 않으며, 또한 함이 없는 법을 주지도 않고 함이 있는 법을 버리지도 않는다."고 설명하고 있다. 따라서 반야바라밀은 경에서 설하고 있듯이, "물질적 존재가 바로 일체지이고, 일체지가 바로 물질적 존재다. 나아가 일체종지가 바로 일체지이고, 일체지가 바로 일체종지다. 물질적 존재의 진실한 모양 내지 일체종지의 진실한 모양은 하나의 진실한 모습이어서 둘이 없고 다름이 없다."는 것이다.

《반야심경》에서는 이러한 반야바라밀을 네 가지 성스러운 진리〔四聖諦〕와 관련하여 "고통〔苦〕, 고통의 원인〔集〕, 고통을 제거하는 것〔滅〕, 고통을 제거하는 것에 이르는 길〔道〕도 없다."고 설하고 있다. 즉 최초의 설법에서는 네 가지 성스러운 진리야말로 깨달음에 이르는 유일한 길이라고 제시되었는데, 두 번째 진리의 수레바퀴에서는 공 가운데서는 본래 네 가지 성스러운 진리가 없다고 천명하고 있다. 이제 우리들은 그 이유를 규명하기 위해서 우선 네 가지 성스러운 진리의 각 항목에 관해서 살펴보아야 하겠다.

【 괴로움이라는 진리 】

네 가지 성스러운 진리 가운데 첫 번째는 괴로움이라는 진리〔苦聖諦〕이다. 다람쥐가 쳇바퀴 돌듯이 윤회의 쳇바퀴를 돌고 도는 중생은 고통을 본성으로 하고 있다는 의미다. 그러나 중생의 삶이 고통을 본성으로 하고 있다는 첫 번째의 정의는 하나의 가설(假說)이라고 할 수 있다. 물론 진리를 깨달은 성자의 입장에서는 생존이 곧 고통이라는 사실을 확연히 보기 때문에 그것이 가설이 될 수가 없지만, 범부에게는 우선은 가설일 수밖에 없다. 왜냐하면 우리들 범부인 인간에게는 고통도 있긴 하지만, 반면에 즐거움도 있다고 생각하기 때문이다. 그 까닭에 우리들은 자기의 존재에 집착하는 것이다. 만약 삶에 즐거움이라는 것이 전혀 없다고 생각하면 아마 하루도 살 수 없을 것이다. 우리들이 괴로움 속에서도 희망을 가지고 삶을 지탱하고 있는 것은 즐거움이라는 단맛이 주어지기 때문이다.

사실 이러한 가설이 주어지지 않으면 종교는 물론 철학이나 수학 등도 성립할 수가 없다. 가령 수학의 예를 보자. $1 \times 1 = 1$, $1 \times 0 = 0$, $1 + 1 = 2$라는 약속을 전제로 해서 온갖 계산이 진행된다. 서양에서 들어온 천주교나 개신교도 원죄(原罪)라는 가설 위에 그 교리가 세워져 있다. 인간은 누구나 태어나면서부터 창조주에게 죄를 지었다는 사상이다. 만약 나는 창조주에게 죄를 짓지 않았다고 생각하는 사람이라면 그는 이미 그 종교인이 될 수가 없는 것이다. 참된 불자들이 기독교인이 될 수 없는 것은 바로 그 원죄의 가설을 수긍할 수 없기 때문이다.

불교에서 이러한 가설은 바로 '중생의 삶은 고통'이라는 것이다. 그런데 문제는 불교에서 세우고 있는 이 괴로움이라는 가설은 그것이 가설로서 끝나지 않고 누구나 수긍할 수 있다는 사실이다. 지금 현재는 조그마한 즐거움이 있을지도 모르지만 필경 괴로움을 면할 수 없다는 전제이기 때문에 진리로서 우리 앞에 다가서는 것이다. 예를 들어 그 어렵다는 대학에 입학한 후 첫 미팅에서 좋은 상대를 만나 나날을 즐겁게 공부하고 있는 젊은이에게 '인생은 괴로운 것'이라고 하면, 그는 필시 그렇지 않다고 항변할 것이다. 그러나 그 젊은이가 아무리 현재 즐거움에 충만해 있다고 해도 마침내 늙고 병드는 고통을 면할 수는 없는 것이다.

이렇게 고통은 누구를 막론하고 그의 삶에 필연적으로 뒤따르게 마련이고, 우리들은 이것을 받아들이지 않으면 안 되는 운명을 타고 났다. 심지어 '괴롭다' 혹은 '불행하다' 는 말조차 모르는 어린아이 들까지도 고통을 당하고 있고, 그들이 성장함에 따라 자연히 고통이 라는 말을 알게 되는 것이다. 부처님께서는 인간에게 따르게 마련인 이러한 고통을 여덟 가지로 분류하여 설명하고 있다.

첫째는 태어난다는 것은 고통이다〔生苦〕.

둘째는 늙는다는 것은 고통이다〔老苦〕.

셋째는 병드는 것은 고통이다〔病苦〕.

넷째는 죽는다는 것은 고통이다〔死苦〕.

다섯째는 싫은 사람을 만나는 것은 고통이다〔怨憎會苦〕.

여섯째는 사랑하는 사람과 이별하는 것은 고통이다〔愛別離苦〕.

일곱째는 구해도 얻지 못하는 것은 고통이다〔求不得苦〕.

여덟째는 인간 존재를 구성하는 그 자체가 고통이다〔五陰盛苦〕.

이 여덟 가지 가운데 네 번째까지를 4고(四苦)라 하고 나머지 네 종 류의 고를 합해서 8고(八苦)라 부르는데, 이러한 여러 가지 고통에 관 해서는 구태여 설명을 하지 않아도 누구나 수긍할 수 있는 것이다. 어디 인간 존재 그 자체뿐인가. 하나의 문화나 사상 혹은 제도에도 시작과 종말이 있고, 그 속에서 인간은 괴로움을 감수해야 한다. 농 경사회에서 산업사회로 다시 최첨단 과학시대로 인류의 삶이 바뀌면 서 얼마나 많은 사람들이 그 속에서 육체적 · 정신적으로 고통을 겪 었는가. 그런데도 대부분의 사람들은 이러한 사실에 눈뜨지 못하고 있다. 왜냐하면 사람들 대부분은 어리석어서 인생을 있는 그대로 인식하는 것이 아니라 인생의 밝은 면에만 눈을 돌리고 불쾌한 면은 등한시하는 경향이 있기 때문이다.

그래서 사람들은 인생에서 필연적으로 나타나는 고통을 수반하는 비참한 사실을 시야 밖으로 돌린다. 불쾌한 사실에 눈을 감고 그것을 지나치든가 그것들의 중요성을 경시하든가 혹은 그것들을 미화해 버리는 것이다. 중년의 부인은 자신의 나이를 염두에 두는 것이 결코 즐겁지 않다. 인간은 시체를 보면 몸을 떨고 눈을 돌린다. 일상의 대화에서도 인생의 비참한, 마음을 아프게 하는 측면을 가지고 나오면 어떤 사람은 그 자리를 피하려고 한다. 언어 생활에서도 고통을 연상하는 죽음·늙음·병 등에 대해서는 상당히 완곡한 표현을 한다. 가령 사람들은 인간이 죽었을 때 '죽었다'고 하지 않고 '돌아가셨다, 영면에 들었다, 열반에 들었다'고 한다.

그러나 아무리 사람들이 이 세상에는 무엇인가 행복이 존재한다는 신념을 강하게 고집하여 생존에서의 고통의 보편성을 바로 자명한 사실로서 받아들이지 않는다 해도, 그것은 세상을 즐겁게 지내면 그뿐이라는 자기 합리화에 지나지 않는다. 즉 인간은 어디에 있더라도 그리고 어떠한 것에 의해서도 괴로움에서 벗어날 수는 없다. 예를 들어 어떠한 사람도 늙음과 죽음을 면할 수 없고, 죽음의 위험은 항상 다가오고 있다. 지금 그런 위험을 심각하게 느끼지 못한다 해도, 언젠가는 늙음과 병과 죽음 등이 닥쳐온다. 그리고 수명은 점점 줄어만 간다. 다만 사람들은 정신적으로 성장함에 따라 서서히 이러한 고통이 온갖 것에 존재한다는 사실을 점점 강하게 인식하게 되고, 이 고통이라는 것이 인생의 근원적인 불행의 원인인 것을 발견하게 되는 것뿐이다.

【 고통의 원인이라는 진리 】

네 가지 성스러운 진리 가운데 두 번째는 고통의 원인이라는 진리〔集聖諦〕이다. 여기서 고통의 원인을 한자로 집(集)이라고 하는 것은 여러 가지가 모이는 것에 의해서 새로운 존재가 성립하기 때문이다. 이 세상에 설해지고 있는 모든 것들은 단지 한 개의 원인에 의해서 이루어지지는 않는다. 어떤 종교에서는 창조주가 유일한 원인이라고 말하기도 하지만, 그런 일은 있을 수가 없다. 그것은 항아리가 항아리의 원인이 된다고 말할 수 없는 것과 같다. 그러나 점토와 불과 도공의 힘이 합해지면 지금까지 없었던 항아리가 존재한다. 불교에서는 이러한 원인을 인(因)과 연(緣)으로 나누어서 인을 직접적인 원인, 연을 간접적인 원인으로 표현하지만, 여기서는 모든 인과 연을 집이라는 말로 표현하고 있다.

우리들의 삶을 돌이켜보면 모두가 이 법칙에 놓여 있는 것을 알게 된다. 가령 부모로부터 태어난 아이는 그 부모의 성질이나 모습을 닮고는 있지만, 그러나 부모의 어느 쪽과도 완전히 같지는 않다. 완전히 새로운 존재다. 그 아이는 창조주가 새롭게 창조한 것이 아니라 부모라는 남녀가 어떤 방법으로 합쳐져서 존재하게 된 것이다. 이처럼 두 개 이상의 사물이 모이는 것에 의해서 그때까지 없었던 새로운 것이 나타난다. 이것을 우리들은 '생(生)'이라고 부른다. 그리고 생을 받은 존재는 고통을 면할 수가 없다.

이렇게 집이라는 말은 원인을 의미하고 있다. 그러나 지금의 경우는 집이라는 말이 '고통'의 원인을 보인 것이고, 그 원인으로서 '갈애(渴愛)'를 들고 있다. 갈애는 이미 전 항의 '애(愛)' 부분에서 설명한 바와 같이 12연기설에서 고통이 있게 되는 한 원인으로 설정되어, 욕애(欲愛)·유애(有愛)·무유애(無有愛)의 세 종류를 들고 있다. 욕애란 남녀간의 애정을 비롯한 세속적인 모든 욕구이고, 유애란 죽은 후 다음 세상에서는 행복과 쾌락이 많은 곳에 태어나고자 하는 욕구다. 그리고 무유애란 존재가 없는 허무를 갈망하는 욕구다. 그러나 지금 네 가지 성스러운 진리에서는 12연기설과는 달리 갈애 한 가지만을 고통의 원인으로 집약해서 설명하고 있다. 인간을 구성하는 근본, 그래서 고통이 있게 하는 당체가 애욕을 갈구하는 마음이라는 것이다. 이 갈애심이 인간의 근본을 형성하고 있기 때문에 애욕심에는 남녀노소의 구별이 있을 수 없다. 아무리 점잖은 남자라도 예쁜 여자가 지나가면 눈길을 주게 되고, 어떤 요조숙녀라도 잘 생긴 남자가 있으면 한 번 더 보게 된다. 또한 아무리 나이가 들어도 그 마음에는 변화가 없다. 단지 나이가 들고 수행을 쌓음에 의해서 체면을 차릴 줄 알게 되고, 부도덕한 것을 절제할 수 있는 능력이 생길 따름이다.

그리고 누구에게나 생의 근본이 되어 있는 갈애는 '재생(再生)의 원인'이 된다. 앞에서 갈애는 불만족성의 욕구라고 설명했지만, 살아 있는 것들의 생명에 대한 집착이야말로 대표적인 갈애이다. 인간은 아무리 살아도 역시 살 것을 바라고 죽음의 한 찰나에서까지 생을 구한다. 그래서 가령 이 세계에서 죽어도 다른 새로운 생존을 구하게 되고, 다시 어느 곳에선가 태어나는 것이다. 어디 인간뿐인가. 여름 날 밤에 방에 들어온 모기를 잡으려고 해 보면 자명해진다. 아무리 잡으려고 해도 도망가기 때문에 잡히지 않는다. 그렇다고 모기가 살아서 무슨 큰 부귀영화를 누릴 것 같지 않는데도 무조건 살려고 한다. 아마 모기는 인간과 마찬가지로 또 다시 태어나기를 바랄 것이다. 이 때문에 갈애를 '재생의 원인'이라고 한다. 이렇게 갈애에 의해서 인간은 생을 거듭하게 되고, 따라서 영원히 생존의 고통을 받지 않을 수 없다.

【 고통의 원인을 없애는 진리 】
　네 가지 성스러운 진리 가운데 세 번째는 고통의 원인을 없애는 진리〔滅聖諦〕다. 이것은 모든 갈애가 완전히 없어진 상태를 말하고, 따라서 괴로움의 완전한 소멸을 가리키고 있다. 앞에서 괴로움의 원인은 갈애라고 했는데, 이 갈애란 달리 표현하면 인간이 가지고 있는 모든 번뇌의 근본이다. 이 모든 번뇌가 없어져서 그 속박에서 해방된 자유로운 상태를 말하는데, 이러한 경지를 해탈이라 부른다. 우리들은 보통 외부에 있는 사회적인 속박에서 벗어나는 것을 해방이라 생각하지만, 불교에서 말하는 속박으로부터의 해방은 외부의 상태만을 말하고 있지는 않다. 오히려 마음속에 있는 속박을 중요시한다. 즉 우리들이 아무리 외형적인 외부의 속박에서 벗어나도 마음속에는 다른 속박이 있다. 다름 아닌 재물욕·성욕·식욕·명예욕·수면욕 등 가지가지의 욕망이나 분노·교만심·질투·가지가지의 견해 등이 그것이다.

이러한 것은 마음속에 있으면서도 자기의 뜻대로 되지 않는 것이고, 오히려 자기를 지배하는 실제적인 주체가 된다. 가령 지나친 탐욕심을 가져서는 안 된다고 생각하면서도 남이 가진 좋은 물건을 보면 그것을 원하는 마음이 일어난다. 화를 내어서는 안 된다고 누차 다짐하지만 이것이 생각대로 되지 않는다. 남을 시기하고 질투하는 것은 추잡한 짓이라고 누구나 공감하고 그것을 부끄럽게 생각하지만, 그러나 마음속에 질투나 시기심이 일어나 자기를 괴롭히는 일이 자주 있다. 이렇게 우리들의 마음속에는 두 마음이 서로 대립하는 일이 자주 있다. 이러한 번뇌가 마음속에 일어나서 자신을 속박한다. 그 때문에 우리들의 생활에 외부적인 억압이 없더라도 마음속에 번뇌가 있는 한 참된 해방은 없다.

이러한 마음속의 번뇌를 멸할 때에 참된 자유와 평화가 있다. 그리고 이 모든 번뇌의 밑바닥에는 갈애가 있기 때문에 갈애를 멸하면 다른 번뇌도 따라서 멸하고, 마음에 참된 평안이 실현된다. 이것이 해탈이고 바로 열반의 자리다. 그리고 이 해탈은 번뇌의 소멸에 의해서 실현되기 때문에 한문으로 멸제(滅諦)라고 하는 것이다. 그러나 '번뇌의 소멸'이라는 것은 말하기는 쉽지만, 이것을 실현하기란 그렇게 용이하지가 않다. 예를 들어 술을 마신다든가 담배를 피우는 것에 의해서 생기는 여러 가지 신체적 폐단은 누구나 알고 있고, 대다수는 담배나

술을 끊어야 하겠다고 다짐을 한다. 그러나 이것이 그렇게 용이하지 않다. 이것을 억제하기 위해서는 대단한 노력과 결의가 필요하다.

여기에서 수행이 요구된다. 그렇다고 수행을 시작하자마자 바로 번뇌가 없어지는 것은 아니다. 그래서 소승불교에서는 네 가지 성스러운 진리의 법문을 듣고 수행하여 없애는 번뇌의 종류를 두 가지로 분류하고 있다. 첫째는 견도혹(見道惑)이라는 번뇌로 이것은 진리를 보지 못하게 막고 있는 것인데, 여기에는 다시 탐욕〔貪〕·성냄〔瞋〕·어리석음〔癡〕·교만심〔慢〕·망설임〔疑〕의 다섯 가지 무거운 번뇌와 '나'가 있다는 고집〔身見〕, 치우친 고집〔邊見〕, 인과를 무시하는 고집〔邪見〕, 위의 세 가지 고집을 옳은 것이라고 하는 고집〔見見〕, 잘못된 수행방법을 옳은 방법으로 아는 고집〔戒禁取見〕의 다섯 가지 가벼운 번뇌가 있다. 이 가운데 다섯 가지 무거운 번뇌는 누구에게나 본능적으로 있는 번뇌고, 가벼운 다섯 가지 번뇌는 수행하는 과정에서만 나타나는 번뇌다. 두 번째는 수도혹(修道惑)이라는 번뇌인데, 이 번뇌는 도를 닦는 과정에서 감정이나 의식의 미세한 작동이 일어나 도를 닦지 못하게 하는 것이다. 앞의 견도혹이 후천적인 악습이라면 이 수도혹은 선천적인 악습이다. 하여튼 이러한 번뇌를 멸함으로써 해탈을 얻는 것이다.

【 깨달음에 이르기 위한 실천의 진리 】

네 가지 성스러운 진리 가운데 네 번째는 깨달음에 이르기 위한 실천의 진리〔道聖諦〕다. 앞에서 설명한 고통의 원인을 없애는 진리인

해탈에 이르기 위해서는 온갖 번뇌를 없애기 위한 실천적 지혜가 요구되는데, 그것이 바로 깨달음에 이르기 위한 실천의 진리다. 그 실천 방법에는 여덟 가지 덕목이 있다. 그래서 이 덕목을 여덟 가지 바른 깨달음에 이르는 길〔八正道〕이라 부르는데, 올바른 견해〔正見〕, 올바른 사유〔正思惟〕, 올바른 말〔正語〕, 올바른 행위〔正業〕, 올바른 직업〔正命〕, 올바른 노력〔正精進〕, 올바른 주의력〔正念〕, 올바른 정신통일〔正定〕이 바로 그것이다. 이하에서 그 각각의 덕목에 관하여 살펴보자.

【 올바른 견해〔正見〕 】

부처님의 가르침이 올바른 견해다. 즉 불교적인 세계관·인생관으로서 연기와 네 가지 성스러운 진리의 이치를 올바르게 보는 지혜다. 여기에서는 본다는 것이 매우 중요하다. 어떤 사물이나 이치를 추상적으로 아는 것이 아니라 구체적으로 보는 것에 의해서 얻어진 지혜다. 체득한다는 말이다. 선문(禪門)에서는 견성(見性)이라는 말을 자주 한다. 자신의 성품을 단순히 아는 것이 아니라 확연히 본다는 것이다. 성품을 보았기 때문에 어떠한 의심도 있을 수 없다. 여기에 아는 것과 보는 것의 차이가 있다. 만약 우리들이 진실로 무상하고 고통인 현실세계와 깨달음의 세계인 연기법을 보았다고 하면 더 이상 다른 수행은 필요하지 않다.

그러나 한편으로는 체득을 위한 올바른 견해가 요구된다. 만약 이 체득을 위한 올바른 견해가 없다면 체득의 지혜는 있을 수 없다. 즉 올바른 견해에는 두 가지 측면이 있다. 하나는 실현되어진 올바른 견해이고, 다른 하나는 실현의 길에 들어선 출발점으로서의 올바른 견해다. 이 출발점으로서의 올바른 견해는 바른 믿음과 상통하는 것이다. 초심자가 체험적인 지혜는 갖지 못했지만, 연기의 도리나 네 가지 성스러운 진리의 가르침을 올바른 것으로 생각하여 믿는 것이다. 사실 불교의 수행은 여기에서부터 시작되는 것이다.

【 올바른 사유〔正思惟〕 】

올바른 사유는 올바른 생각이고, 사고를 바르게 작용시키는 것이다. 위의 올바른 견해가 전체에 대한 종합적·기본적 견해인데 비해 이 올바른 사유는 개개의 실천에 있어서 올바른 결의이다. 즉 실제 행동에 들어가기 전의 올바른 의사작용이다. 아무리 탁월한 지혜라 하더라도 그것을 삿된 방향으로 작용시키면 사회에도 해가 되고 자신도 망치게 된다. 때문에 사고를 바르게 하는 것은 중요하다.

그렇다면 어떻게 하는 것이 올바른 사유인가? 불교에서는 탐욕과 성냄과 어리석음의 세 가지 번뇌를 '세 가지 독소〔三毒〕'라고 부른다. 이 세 가지가 사람을 해침이 마치 독사나 독충과 같으므로 이렇게 부르는 것이다. 바로 이 세 가지 독소를 벗어나고자 하는 생각이 올바른 사유다. 여기서는 이 세 가지 독소가 자신을 괴롭히는 악의 근원임을 인식하여 버려야 할 것으로 생각하고 결의하는 것이 중요하다. 잘못된 생각과 결의는 그릇된 행동으로 나타나지만, 올바른 생각과 결의는 좋은 행동으로 표출된다. 이와 같이 생각이나 결의에 탐욕과 성냄과 어리석음의 세 가지 독소가 없을 때 그 뒤에 생기는 행동은 올바른 것이 된다. 그리고 이렇게 인간으로서는 버리기 힘든 탐욕 등을 부정으로 작용하는 사유야말로 올바른 견해를 실현하는 첫걸음이 된다.

【 올바른 말〔正語〕 】

올바른 말이란 올바른 사유 다음에 일어나는 행위로 언어생활을 바르게 하여 번뇌의 소멸로 향하는 작용이다. 경전에서는 이것을 거짓말〔妄語〕, 저주하는 말〔惡口〕, 이간질하는 말〔兩舌〕, 비단결 같은 말〔綺語〕을 떠나 진실을 말하고 찬탄하는 말을 하며, 자애로운 말로 서로를 융화하고 유익한 말만을 하는 것을 뜻하고 있다. 즉 올바른 견해를 거짓말 등을 하지 않는 언어적 표현으로서 구체화하는 것이 올바른 말이다. 따라서 극단적인 예가 될 수도 있겠지만, 외도의 삿된 견해를 물리치고 번뇌의 소멸을 실현하기 위해서라면 저주하는 말을 하는 것도 올바른 견해를 나타내는 것이기 때문에 올바른 말이라고 할 수 있다. 그런데 여기서 간과할 수 없는 것은 올바른 말은 올바른 사유의 표현이라는 것이다. 때문에 남을 해치려는 마음이나 원한 등이 마음 가운데 남아 있으면서 단지 언어로서만 해침이나 분노가 없는 표현이 있다고 한다면 그것은 올바른 말이라고 할 수가 없다.

【 올바른 행위〔正業〕 】

올바른 행위 역시 올바른 사유 다음에 일어나는 것으로 신체적 행위를 바르게 하여 번뇌의 소멸로 향하는 작용이다. 경전에서는 이것을 살생과 도둑질과 삿된 음행을 떠나 일체 중생을 자비로 대하고 곤궁한 자에게는 보시하며 바른 성도덕을 지키는 것을 뜻하고 있다. 그러나 인간이 짓는 그릇된 외적 행위는 비단 살생이나 도둑질, 그리고 삿된 음행에만 한정된 것이 아니다. 이외에도 원한이나 질투·교만 등 여러 가지 번뇌가 다양한 외적 행위로 표출된다. 만약 이러한 번뇌들이 마음속에 있는 한 올바른 말과 마찬가지로 비록 살생 등을 하지 않는다 하더라도 참된 올바른 행위가 되지 못한다. 왜냐하면 번뇌가 있는 가운데의 불살생 등의 외적 행위에는 번뇌의 소멸을 기대할 수 없기 때문이다.

【 올바른 직업〔正命〕 】

올바른 직업이란 올바른 경제적 생활로서 올바른 견해를 의식주에 실현하고자 하는 것이다. 즉 법답게 옷이나 음식·좌구·약 등의 생활도구를 구하는 것이다. 이렇게 올바른 직업 정신 속에서 의식주를 해결할 때 거기에서 번뇌의 소멸을 실현하는 이상이 생겨난다. 경전에서는 이것을 하구식(下口食)·상구식(上口食)·방구식(方口食)·잡구식(雜口食)의 네 가지 삿된 생활법〔四邪食〕을 떠난 것이라 설명하고 있다. 첫 번째의 하구식이란 입을 아래쪽으로 향하여 생활한다는 뜻으로, 논밭을 갈거나 약을 제조하여 생계를 세워 나가는 것이다. 두 번째의 상구식이란 위쪽을 쳐다보면서 생활한다는 뜻으로, 별을 보고 점을 친다거나 우주에 관한 계산 따위에 의해 생계를 세우는 것이다. 세 번째의 방구식이란 입을 사방으로 향하여 생활하는 것으로,

국왕의 사신으로 다른 나라를 왕래한다거나 결혼 중매 등으로 생계를 찾는 일이다. 네 번째의 잡구식이란 네 간방을 향하여 생활한다는 뜻으로, 수상이나 관상 혹은 사주 등으로 길흉화복을 점치면서 생계를 유지하는 것이다.

그러나 이 네 가지 삿된 생활법의 금지는 출가 수행자에 한정된 것이라 할 수 있다. 출가 수행자는 무소유와 걸식으로 생활해야 하기 때문이다. 따라서 재가의 불자로서는 나름대로의 올바른 직업관이 있어야 하는데, 부처님께서는 재가불자가 갖지 않아야 할 직업으로 도살업·독약 판매업·인신 매매업을 지적하고 있다. 물론 이외에도 올바른 직업이라고 할 수 없는 것이 많다. 가령 매음 따위의 주선업이나 마약업 등은 불자뿐만 아니라 모든 사람이 해서는 안 될 일들이다.

【 올바른 노력〔正精進〕 】

올바른 노력이란 번뇌를 소멸시키기 위하여 작용하는 노력이다. 즉 올바른 견해를 실현하고자 부지런히 힘쓰는 것이 올바른 노력이다. 이 노력은 일상생활에서의 노력과 같이 번뇌 속에서 현상적인 가치를 추구하는 노력이 아니라 깨달음을 향하여 작용하고 마침내는 거기에 도달하고자 하는 노력이다. 따라서 가령 어떤 사람이 가족을 부양하기 위해서 직장생활을 부지런히 한다든가 혹은 여가 시간에 등산이나 낚시를 부지런히 하는 것 등은 엄밀한 의미의 올바른 노력은 아니다.

경전에서는 이것을 네 가지 노력〔四正勤〕으로 설명하고 있다. 첫째는 아직 나타나지 않은 악(惡)을 끊기 위하여 부지런히 노력하는 것이다. 둘째는 이미 생긴 악을 끊기 위해서 부지런히 노력하는 것이다. 셋째는 아직 나타나지 않은 선(善)을 나타내기 위해서 부지런히 노력하는 것이다. 넷째는 이미 나타난 선을 증대하도록 부지런히 노력하는 것이다. 이와 같은 네 가지의 노력을 계속한다면 악은 반드시 없어지고 선은 필연적으로 증진하여 그 사람은 반드시 번뇌의 소멸을 기약할 수가 있는 것이다.

그러나 한편으로 올바른 노력은 수행자의 입장과 일반인의 입장으로 구별하여 고찰할 수도 있다. 이 경우에 일반인의 입장에서는 올바른 노력이 게으름의 반대개념이 되고, 일상적인 생활에서 매사에 최선을 다하는 것이 여기에 해당된다고 할 수 있다.

【 올바른 주의력〔正念〕 】

주의력이란 마음속에 기억해서 잊지 않는 것이고, 이러한 주의력이 번뇌의 소멸을 향하여 집중적으로 작용하는 것이 올바른 주의력이다. 이 주의력에는 두 가지 경우가 있다. 하나는 경험을 기억에 묶어 두는 것이고, 다른 하나는 기억해 있는 것을 다시 생각해 내는 것이다.

그렇다면 무엇을 기억해서 잊지 않아야 하는가? 경전에서는 올바른 주의력을 네 가지 관찰법〔四念處〕으로 설명하고 있다. 즉 네 가지 사항에 마음을 모아 관찰하고 잊지 않는 것이다. 첫째는 인간의 육신은 깨끗한 것이 아니라 부정하다고 관찰함이다. 둘째는 우리들의 감각은 모두가 고통이라고 관찰하는 것이다. 셋째는 우리들의 마음은 항상된 것이 아니라 무상한 것이라고 관찰함이다. 넷째는 모든 존재에는 확정적인 '나'라는 실체가 없다고 관찰하는 것이다. 그리고 이렇게 올바른 주의력을 가질 때 거기에 올바른 견해가 실현되는 것이다.

그러나 올바른 주의력 또한 일반 사회인이 지녀야 할 덕목으로 생각할 수 있다. 사람은 주의력이 부족할 때 사고가 생기고 실패하기 쉽다. 어떠한 일을 할 경우에도 거기에 필요한 사항을 항상 염두에 두고 있을 때 비로소 성취가 있다.

【 올바른 정신 통일〔正定〕 】

정신 통일이란 마음을 고르고 평정하게 갖는 것이다. 삼매라고도 하고 선정이라고도 말한다. 이러한 정신 통일이 번뇌의 소멸로 향하여 작용하는 것이 올바른 정신 통일이다. 이 올바른 정신 통일이야말로 올바른 견해를 완성하여 절대적인 자유를 실현하는 최후의 수단이다. 다시 말해서 열반은 이 자리에서 이루어진다.

이 올바른 정신 통일에는 여러 가지 방법이 있다. 좌선을 할 수도 있고 염불을 할 수도 있다. 다만 그 방법이 올바른 것이어야 한다는 점이다. 그때 비로소 밥 먹을 때 밥 먹고, 일할 때 일할 수 있게 된다.

【 번뇌에 붙잡히지 않는 삶 】

지금까지 초전법륜의 내용인 네 가지 성스러운 진리를 비교적 구체적으로 살펴보았다. 여기에서 우리들은 네 가지 성스러운 진리에 대하여 흡사 환자를 치료하고 있는 훌륭한 의사를 연상하게 된다. 우선 병이 든 사람은 괴로워하고, 의사는 병의 상태를 진단한다. 이것이 괴로움이라는 진리다. 마침내 의사는 병의 우인을 발견하게 되고 병이 완쾌된 후의 건강체에 대하여 환자에게 설명한다. 이것이 고통의 원인이라는 진리와 고통의 원인을 없애는 진리다. 그러나 설명만으로는 환자의 고통은 없어지지 않는다. 여기에 필수적으로 치료방법과 양생법이 제시되고, 환자가 거기에 따라 행동할 때 고통에서 벗어날 수 있다. 이것이 마지막의 깨달음에 이르기 위한 실천의 진리인 여덟 가지 바른 깨달음에 이르는 길이다. 바로 이러한 점 때문에 부처님을 대의왕(大醫王)이라고 부른다. 부처님은 중생의 모든 병을 능히 완치하는 훌륭한 의사라는 말이다.

그러나 《반야심경》에서는 훌륭한 의사로서 부처님의 처방이 초전 법륜 때와는 사뭇 다르게 나타난다. 왜냐하면 이 《반야심경》이야말로 제2 법륜의 대표적인 경전이기 때문이다. 그러면 어떤 처방인가?

경에서는 네 가지 성스러운 진리의 각 항목인 '고통, 고통의 원인, 고통을 제거하는 것, 고통을 제거하는 것에 이르는 길도 없다' 고 주장하고 있다. 왜 네 가지 성스러운 진리가 없다고 하는가? 여기에서도 열두 가지 인연의 경우와 마찬가지로 '공 가운데는' 이라고 하는 말을 삽입하여 이해하여야 한다. 즉 '공 가운데는 고통, 고통의 원인, 고통을 제거하는 것, 고통을 제거하는 것에 이르는 길도 없다' 는 뜻이 된다. 그렇다면 무엇 때문에 공 가운데는 고통 내지 고통을 제거하는 것에 이르는 길도 없는가?

네 가지 성스러운 진리의 교법체계는 근본적으로 함이 있는(有爲)

현상계를 그대로 있다고 인정하여 세워진 것이다. 여기에서의 전제 조건은 고통을 받고 있는 심신이 유(有)로서 존재한다는 것이다. 심신이 존재한다는 전제 아래 갖가지 고통이 설해지고 고통의 원인이 설해지며, 그 고통을 멸하는 방법이 제시된다. 그러나 공의 입장에서 볼 때 과연 심신이 존재하는가? 우리들은 이미 인간을 구성하는 다섯 가지 요소인 물질적 존재·감각·표상·의지·인식이 공 가운데는 없음을 살펴보았다. 인간이 있다는 것은 단지 그 이름만 있을 뿐 사실로서 있는 것이 아니다. 사실로서 존재하지 않는 인간을 있다고 가정한 것이다. 그러나 이렇게 인간 그 자체가 공일 때, 인간의 심신이 있다고 가정하고 세운 교법체계는 토끼의 뿔과 같고 거북이의 털과 같은 것이 되고 만다. 인간이 본래 공한데 고통이 어찌 있을 수 있으며, 나아가 고통이 본래 없는데 어찌 그 고통을 멸하는 방법이 있을 수 있겠는가. 이 자리에서 보면 모두가 없다. 그래서 공 가운데는 고통, 고통의 원인, 고통을 제거하는 것, 고통을 제거하는 것에 이르는 길도 없다.

이것이 제2의 설법인 반야바라밀이다. 반야바라밀인 공 가운데는 고통이 본래 없는 것이기 때문에 온갖 번뇌의 고통이 생겨도 그 번뇌가 실로 있는 것이 아님을 알아 거기에 붙잡히지 않는다. 또한 번뇌의 고통이 멸한 상태가 되더라도 그 소멸이 실로 있는 것이 아님을 알아 거기에도 붙잡히지 않는다. 그러한 공에 머무름에 의해서 번뇌와 깨달음이 본래 둘이 아니고, 생사와 열반이 둘이 아닌 한 모양이 된다. 반야바라밀의 삶은 이렇게 일체에 붙잡히지 않는 가운데서 대자유를 얻는다.

(7) 공(空)을 넘어선 공

◉

無智亦無得 以無所得故
슬기도 없고 또한 얻음도 없다. 모두가 붙잡을 것이 없기 때
문이다.

【 지혜도 없고 해탈도 없다 】

이제 본 경의 파사분(破邪分)을 거두어야 할 때가 되었다. 파사분
의 마지막 부분인 "슬기도 없고 또한 얻음도 없다. 모두가 붙잡을 것
이 없기 때문이다."라는 구절을 설명할 차례가 되었기 때문이다. 그
런데 이 마지막 부분을 대할 때면 언제나 생각나는 경전의 한 부분이
있다. 바로 반야부 경전의 대표적인 경전이라 할 수 있는《대품반야
경》〈습응품〉의 다음과 같은 부분이다.

사리불아, 물질적 존재가 공일 때에 물질적 존재가 있을 수 없고, 감
각·표상·의지·인식이 공일 때에 인식 등도 있을 수 없다. 사리불아,
물질적 존재가 공이기 때문에 변화하고 허물어짐이 없고, 감각이 공이기
때문에 받아들임도 없으며, 표상이 공이기 때문에 아는 것도 없고, 의지
가 공이기 때문에 작용하는 것도 없으며, 인식이 공이기 때문에 깨달음도

없다. 왜냐하면 사리불아, 물질적 존재는 공과 다르지 않고 공은 물질적

존재와 다르지 않기 때문이며, 물질적 존재가 바로 공이고 공이 바로 물

질적 존재이기 때문이다. 감각·표상·의지·인식도 또한 이와 같다.

사리불아, 이 모든 존재의 공한 모습[是諸法空相]은 나지도 않고 없어

지지도 않으며[不生不滅], 더럽지도 않고 깨끗하지도 않으며[不垢不淨],

늘지도 않고 줄지도 않는다[不增不減]. 이 공인 모든 존재는 과거도 아니

고 미래도 아니며 현재도 아니다. 따라서 공 가운데는 물질적 존재도 없

고 감각·표상·의지·인식도 없으며, 눈·귀·코·혀·신체·마음도

없고, 형태·음성·냄새·맛·촉각·마음의 대상도 없고, 눈의 영역도

없고 내지 의식의 영역도 없다. 또한 근원적인 무지[無明]도 없고 근원적

인 무지가 다한다는 것도 없으며, 내지 늙음과 죽음도 없고, 늙음과 죽음

이 다한다는 것도 없다.

고통, 고통의 원인, 고통을 제거하는 것, 고통을 제거하는 것에 이르는

길도 없고, 슬기도 없고 또한 얻을 것도 없다. 또한 수다원도 없고 수다원

과도 없으며, 사다함도 없고 사다함과도 없으며, 아나함도 없고 아나함과

도 없으며, 아라한도 없고 아라한과도 없으며, 벽지불도 없고 벽지불도

(道)도 없으며, 부처님도 없고 또한 불도(佛道)도 없다.

아마 좀더 사려 깊은 독자라면 필자가 무엇 때문에 위의 경문을 여

기서 소개하는지 대강은 짐작할 것이다. 부처님의 팔만사천 법문이

중생들의 고뇌를 해결하기 위한 방편이기 때문에 비슷한 내용이 여러

경전에 있을 수가 있고, 더구나 같은 반야부 경전에서는 그러한 경향

이 더 짙을 수도 있다. 그러나 그러한 사실을 인정한다 해도 이 〈습응품〉의 내용은 《반야심경》의 파사분과 너무 닮아 있다. 아니 마지막 구절인 "또한 수다원도 없고 …… 불도(佛道)도 없다."라는 말만 없으면 그대로 파사분과 일치한다. 바로 이런 현상 때문에 불교학자들 간에 경전의 성립에 따른 선후의 문제가 제기된다. 반야부 경전이 먼저 성립되었는가, 아니면 정토경이 먼저 이루어졌는가? 혹은 반야부 경전 가운데서는 어느 경이 가장 먼저 성립되었는가 하는 등등의 논란이 이어진다. 그러나 지금 우리들에게는 그것은 그렇게 중요하지 않다. 중요한 것은 〈습응품〉의 한 부분을 《반야심경》은 그대로 인용하고 있고, 〈습응품〉에서는 "슬기도 없고 또한 얻을 것도 없다."는 구절 뒤에 "수다원도 없고 …… 불도도 없다."라는 말씀이 계속되고 있다는 사실이다.

하여튼 경에서는 "슬기도 없고 또한 얻을 것도 없다."고 설하고 있다. 이 말 역시 '공 가운데는' 이라고 하는 말을 앞부분에 두고 이해해야 한다. 즉 공 가운데는 슬기도 없고 또한 얻을 것도 없다는 것으로 공의 참모습을 밝히는 마지막 부분이다. 그렇다면 이 말은 무슨 의미인가? 여기서 말하는 슬기〔智〕란 주체적인 인식으로 우리들이 수행을 통하여 체득한 바른 지혜이고, 얻을 것〔得〕이란 그 바른 지혜에 의해서 얻게 되는 해탈이나 열반이다. 그러니까 공 가운데는 수행하여 체득하는 지혜도 없고, 그 지혜에 의한 바른 해탈도 없다는 뜻이 된다. 왜 지혜도 없고 해탈도 없는가?

불도를 닦는 최후의 목표가 미혹과 번뇌를 끊어 깨달음을 이루는

데 있음은 재론의 여지가 없다. 오직 이 일을 위하여 부처님의 팔만 사천 법문이 베풀어지고, 온갖 수행문이 시설된다. 그리고 《반야심경》에서는 이 일을 위하여 지금까지 일체가 공임을 설하였다. 다섯 가지 모임도 없고 연각승(緣覺乘)의 수행법인 12인연도 없으며, 성문승(聲聞乘)의 수행법인 네 가지 성스러운 진리까지도 없다고 설하였다. 특히 《대품반야경》에서는 "아라한도 없고 아라한과도 없으며, 벽지불도 없고 벽지불도도 없으며, 부처님도 없고 불도도 없다."고 설하였다. 이러한 수행문을 통하여 우리들은 비로소 '일체는 공'이라는 지혜를 얻게 된다.

그러나 일체가 공이라고 깨닫는 것이 반야지를 체득한 것이라고 그 지혜에 사로잡히고 만다면 그것은 이미 바른 지혜가 아니다. 다섯 가지 모임으로 구성된 자신이 공하고 다시 수행문이 공한데, 공한 자신이 공한 수행으로 얻는 지혜가 어디에 있겠는가? 만약 있다고 한다면 그것은 다시 공이라는 것에 붙잡힌 지혜다. 비록 자신과 현상계가 공임은 터득했지만, 공 그 자체가 공임은 아직 모르는 상태다. 때문에 공 가운데서 무엇인지를 얻으려고 한다. 해탈을 실체로서 얻으려 하고 부처를 실로 있는 것으로 착각한다. 그것은 참다운 지혜가 아니고 참다운 해탈도 아니다. 바른 지혜란 이름만 있을 뿐 사실로서 있는 것이 아니고, 그 지혜로 얻는 해탈이라는 소득도 이름만 있을 뿐이기 때문이다.

그런데도 우리들은 어떻게 생각하며 살고 있는가? 자신이 공이고 현상계가 공인데도 불구하고 그 공 속에서 무엇인가를 추구한다. 자신이 본래 부처인 줄 모르고 신통을 구하고 부처를 구한다. 참선을 하고 기도를 하여 기이한 어떤 것을 밖에서 구하고자 한다. 아침에 일어나서 세수하고 저녁 먹고 설거지하는 이 일상사가 그대로 공이 현전한 것인 줄 모르고, 하늘에 있는 별이라도 따는 신묘한 무엇인가가 따로 있다고 생각하여 동분서주한다. 그러나 그러한 신묘한 것에 지혜와 해탈이 있는 것이 아니다. 서산에 해 넘어 가니 동천에 달 뜨는 이치 외에 불법이 따로 있는 것이 아니다. 만약 하늘을 날으는 신통에 해탈이 있다면 까마귀는 전부가 해탈을 얻었을 것이고, 눕지 않고 앉아 있는 것에 지혜가 있다고 하면 설악산의 울산바위는 지혜 덩어리여야 하지 않겠는가!

우리들은 부처님의 생애를 통해서 이 점을 분명히 볼 수 있다. 사문 싯다르타가 깨달음을 얻어 부처님이 되었다고 해서 신통력으로 모든 것을 처리하신 것은 아니다. 부다가야의 보리수 아래에서 녹야원까지의 그 먼 거리를 걸어서 가셨고, 아침이면 탁발로 얻은 음식으로 공양을 하셨다. 때때로 제자들을 위하여 법문을 하셨고 여가가 있으면 혼자서 좌선을 하셨으며, 밤이면 육신의 피로를 풀기 위하여 누워서 주무셨다. 부처님께서는 공 가운데에 지혜와 해탈이 없다는 소식을 이렇게 몸으로 보여 주시고 있다.

【 분별과 집착을 여읜 마음 】
경에서는 "슬기도 없고 또한 얻을 것도 없다."는 구절의 뒤를 이어 "모두가 붙잡을 것이 없기 때문이다[以無所得故]."라는 말로 파사분을 끝맺고 있다. 그런데 필자는 나름대로 '이무소득고' 라는 경문을 이렇게 파사분으로 이해하여 해석을 하고 있지만, 종래부터 이 부분의 해석에는 두 가지 견해가 있어 왔다. 하나는 지금의 필자처럼 파사분의 끝 부분으로 취급하여 이것의 종결로 삼는 것이고, 다른 하나는 이어지는 공능분의 첫 부분으로 삼아 그것의 원인으로 취급하는 것이다. 두 가지 견해가 모두 타당한 이유가 있기 때문에 섣불리 한 견해만을 옳다고 주장하기는 어려운 일이다. 그런데도 필자가 전자의 견해를 취한 것은 공능분의 시작인 '보리살타' 다음에 '반야바라밀다에 의지하는 고로' 라는 이유의 경문이 있기 때문이다. 즉 여러학자들이 주장하는 바와 같이 이 부분은 산스크리트 본처럼 없는 것이 차라리 이해하기가 쉽고, 또한 파사분과 공능분을 연결하는 '그러므로' 라는 연결사로 취급하는 것이 적당할지도 모른다. 그럼에도 필자가 파사분으로 보는 것은 경문에 충실을 기하기 위해서는 하나를선택해야 하고, 이때 '이무소득고' 라는 구절을 파사분으로 취급하는 것이 경문 전체의 흐름으로 보아 무리가 없다고 생각하기 때문이다.

이 "모두가 붙잡을 것이 없기 때문이다."는 구절은 위에서 말한 바와 같이 파사분을 맺는 종결구(終結句)라고 할 수 있다. 즉 이 일구는앞에 있는 "슬기도 없고 또한 얻을 것도 없다." 라는 구절에만 해당되는 것이 아니고, 파사분 전체를 덮고 있다. 지금까지 우리들은 파사분을 통해서 공 가운데에 모든 것이 '없음' 을 살펴보았다. 공 가운데는 다섯 가지 모임ㆍ열두 가지 영역ㆍ열여덟 가지 요소가 없고, 12인연과 네 가지 성스러운 진리 그리고 바른 지혜와 바른 해탈까지도 없다는 점을 보아 왔다. 관자재보살은 무슨 까닭에 공 가운데는 이 모두가 '없다'고 말씀하시는가? 경에서는 그 이유를 "모두가 붙잡을 것이 없기 때문이다."라고 설하고 있다. 즉 모두가 붙잡을 것이 없기 때문에 다섯 가지 모임도 없고 나아가 바른 해탈도 없다는 것이다. 여기서 우리들은 다시 '붙잡을 것이 없음〔無所得〕'이 무엇인가 하는 문제에 봉착하게 된다.

무엇이 '붙잡을 것이 없음'인가? 《대지도론》 권 제18에서는 이 말을 "모든 존재의 참다운 모습〔諸法實相〕 중에는 결정되어 있는 모양을 붙잡을 수 없기 때문에 붙잡을 것이 없음〔無所得〕이라 한다."고 설명하고 있다. 즉 《대지도론》에 의하면 대상을 인지(認知)하지 않는 것이 붙잡을 것이 없음이다. 그렇다고 해서 그 대상이 있다고 생각하고 거기에 사로잡혀 집착하지 않는 것이 아니라 어떠한 의미에서도 붙잡을 것이 있음〔有所得〕을 허락하지 않는 것이다. 비유하자면 마치 교묘한 요술쟁이가 사거리 가운데서 대중(大衆)을 만들어 내고, 그들이 밥을 구하면 밥을 주고 물을 구하면 물을 주며, 내지 갖가지 구하는 바를 전부 주는 것과 같다. 이때 그 요술쟁이는 실로 대중이 있어서 주는 것인가? 그렇지 않다. 그 대중도 베푸는 물건도 실로 있는 것이 아니고, 베푸는 것이 있다고 해도 실제로 주는 것은 없다. 이처럼 모든 것의 모양은 환상과 같은 것이다. 사실이 이러한데 어디 붙잡을 것이 있을 것인가?

일체 만유가 시간과 공간 속에서 실재로 존재한다는 생각에서 집착과 분별이 생기고 그러한 관념이 우리들을 구속한다. 그러나 그것은 실로 있는 것이 아니다. 바로 이 점을 체득하여 일체의 집착과 분별을 여읠 그때 인간에게는 참된 해방과 자유가 있게 된다. 새장 속에 갇혀 있는 새가 좁은 새장과 거기에 놓여 있는 먹이가 전부라고 여겨 거기에 집착한다면 어찌 저 넓은 허공을 나는 자유와 해방이 있을 수 있겠는가! 새장 속의 새가 새장에서 나올 때 자유가 있듯이 현상계에 대한 집착과 분별을 여읠 때 우리들에게 공이라는 새로운 세계가 열려 오는 것이다.

4

공능분(功能分)

(1) 공능분의 범위

菩提薩埵 依般若波羅密多故 心無罣碍 無罣碍故 無有恐怖 遠離顚倒夢想 究竟涅槃 三世諸佛 依般若波羅密多故 得阿耨多羅三藐三菩提

보리살타는 반야바라밀다에 의지하는 고로 마음에 걸림이 없고, 걸림이 없는 까닭에 공포가 없으며, 뒤바뀐 허망한 생각을 멀리 떠나 마침내 열반을 얻는다. 삼세의 모든 부처님도 반야바라밀다에 의지함으로써 아뇩다라삼먁삼보리를 얻는다.

(2) 반야바라밀이 머무르는 곳

◉

菩提薩埵 依般若波羅密多故
보리살타는 반야바라밀다에 의지하는 고로

【 보리살타 】

《반야심경》은 부처님의 위신력 속에서 관자재보살이 스스로 반야
바라밀을 행하여 일체 정신적 · 물질적인 것이 공임을 분명히 보고
온갖 고통에서 벗어났다는 사실을 증언하는 말로 시작되었다. 그리
고 이어지는 파사분을 통해서 관자재보살은 사리불로 지칭되는 우리
모두를 향해서 반야바라밀이 무엇이며, 이것을 어떻게 수습할 것인
지를 자세히 밝혀 주었다. 이제 이 공능분(功能分)은 반야바라밀이 중
생세계에서 어떻게 작용하며, 이것을 행하는 우리들에게 무슨 이익
을 주는지를 보여준다.

경에서는 먼저 "보리살타는 반야바라밀다에 의지하는 고로……"라
고 하면서 반야바라밀을 행하는 사람들을 보리살타라 칭하고 있다.
즉 그 동안 관자재보살은 청법대중의 대표격인 사리불에게 무소득 공
의 법을 설했는데, 공능분에서는 그 무소득 공인 반야바라밀법이 설
해지는 회중의 모든 대중을 보리살타라 부르고 있다. 그렇다면 보리
살타란 누구인가? 우리들은 이미 입의분의 설명을 통해서 보리살타
의 어원에 관해서 고찰해 보았는데, 앞에서 말한 것처럼 보리살타란

보살이란 말과 마찬가지로 산스크리트 어 보디샷트바(bodhisattva)의 음역(音譯)이다.

그런데 여기서 문제가 되는 것은 보디샷트바를 왜 보살이라 하지 않고 보리살타라고 표기했는가 하는 점이다. 외국어를 번역하는 데는 예나 지금이나 두 가지 방법이 있다. 하나는 뜻으로 번역하는 것이고, 다른 하나는 소리 나는 그대로 표기하여 외래어로 사용하는 것이다. 그리고 외래어로 표기할 경우에는 가능한 한 외국어의 발음과 같아야 한다. 이런 원칙에서 본다면 보디샷트바의 음역은 보리살타가 보다 적당하고, 불교가 중국에 전래되던 초기에는 이 말이 보편적으로 사용되었는지도 모른다. 이러한 사실은 승조(374~414)의 저술인 《주유마힐경(注維摩詰經)》 권 제1에 보이는 다음과 같은 글에서 확인할 수 있다.

보살은 정음(正音)으로 보리살타라 한다. 보리는 부처님의 도(道)를 이름함이고, 살타를 진(秦)에서는 대심중생(大心衆生)이라 한다. 대심이 있어서 부처님의 도에 들어감을 보리살타라 이름한다. 바른 이름의 번역은 없다.

즉 승조 대사는 보살의 바른 발음이 보리살타라는 것을 분명히 하고 있다. 그러나 언어란 시대의 소산인 동시에 사람과 사람 사이의 약속이다. 때문에 서로간의 약속에 의해서 언어는 바뀔 수 있다. 이와 같은 관점에서 보면 보디샷트바 역시 바른 음사어(音寫語)가 보리살타인 것은 틀림없지만 약속에 의해서 훗날 보살이란 말로 간략히 줄여서 표기하기에 이르렀고, 그것이 일반화되었다고 생각할 수 있다. —《반야심경》의 최초 번역인 구마라습 역에서는 보살이라 적고 있다.— 하여튼 경에서 비록 보리살타라고 표현하고는 있지만, 보리살타라는 음사어를 줄인 말이 보살이기 때문에 우리들은 이것을 그냥 보살이라고 이해하면 된다.

【 보살에 이르는 길 】

경에서는 반야바라밀을 행하는 사람들을 보리살타, 즉 보살이라 부르고 있다. 그렇다면 보살은 누구이며, 무슨 까닭에 반야바라밀을 행하는 사람을 보살이라 부르는가?

보살이란 대승(大乘)의 수행자다. 성문이나 벽지불이 자기의 해탈만을 구하여, 이른바 혼자서 작은 수레를 타고 깨달음의 피안으로 가는 데 비하여 보살은 모든 중생과 더불어 구제되는 것을 서원하여 거대한 수레를 타는 수행자다. 마치 승용차가 편리하고, 또한 편안하기는 하지만 많은 사람이 탈 수 없는 것처럼 성문이나 벽지불의 수행은 자기만을 위한 것이다.

그러나 버스나 기차 등은 조금 불편하지만 많은 사람이 타고 목적지까지 갈 수 있다. 그 큰 수레의 운전자가 바로 보살이다. 《대품반야경》에서는 이 대승의 수행자를 스스로 보살승(菩薩乘)이라고 부르면서 성문이나 벽지불보다 우월함을 표현하고 있다. 〈승승품〉 제16에서는 "무엇을 보살마하살이 대승에 오른다고 하는가?"라는 사리불의 물음에 부루나는 다음과 같이 대답한다.

보살마하살이 처음 마음을 내어서부터 줄곧 보살의 신통을 원만히 갖추어 중생을 제도하여 해탈시키고, 한 부처님 국토에서 다른 부처님 국토에 다니면서 모든 부처님을 공경·공양·존중·찬탄하며, 여러 부처님으로부터 교법(敎法)을 듣고 받는 것이 소위 보살의 대승입니다. 이 보살은 이러한 큰 수레를 타고 한 부처님 국토에서 다른 부처님 국토에 다니면서 부처님의 국토를 맑히고 중생을 제도하여 해탈시키지만, 처음부터 부처님의 국토라는 생각도 없고 또한 중생이라는 생각도 없습니다.

이 사람은 둘이 없는 법[不二法] 중에 머물러서 중생을 위해 몸을 받고, 그 마땅한 바를 따라 스스로 자신의 모습을 변화하여 그들을 교화합니다. 내지 일체지를 얻을 때까지 마침내 보살의 수레를 여의지 않으니, 이것을 보살승(菩薩乘)이라 말합니다. 이 보살승이 일체종지(一切種智)를 얻고 나서는 진리의 수레바퀴를 굴리니, 성문이나 벽지불 및 하늘[天]·용(龍)·귀신(鬼神)·아수라(阿修羅)·세간의 인민들의 굴림으로서는 미치지 못합니다.

인간은 외적으로는 자연으로부터, 그리고 내적으로는 맹목적인 의지에 의해서 많은 속박을 받고 있다. 이것이 불교에서 말하는 인생관의 출발점이다. 그러나 보살이 지행하는 바에 따르면 이것과 동시에 인간의 가장 깊은 내면에는 무한의 자유와 행복을 구하고자 하는 욕구가 가로놓여 있다. 그리고 이 욕구는 모든 정신생활 중 가장 숭고

한 것이기 때문에 온갖 고상한 이상을 가져오는 원인이 된다. 대승의 보살은 이러한 이상을 구체적으로 실현해 가는 사람이다. 보살승은 성문승(聲聞乘)이나 연각승(緣覺乘)과는 다르다. 성문승이나 연각승은 자신만의 구제에 멈추지만, 보살이 타고 있는 수레는 멈추는 법이 없다. 중생이 있는 곳이면 어디라도 마다하지 않고 다니면서 그들을 교화하여 제도한다. 이 까닭에 보살승을 능가하는 중생은 있을 수 없고, 대승의 수행자는 자신들을 보살승이라고 자랑스럽게 말한다.

보살의 수행에서 가장 중요한 특징은 자리이타(自利利他)의 정신이다. 즉 자신이 깨달음의 세계에 도달했다고 하면 반드시 타인을 거기에 인도한다. 타인을 거기에 인도하는 것이 자신이 거기에 도달하는 이유가 되는 것이다. 이것을 대승의 보살도(菩薩道)라고 한다. 소위 상구보리 하화중생(上求菩提 下化衆生)이라는 것, 즉 위로는 깨달음을 구하고 아래로는 중생을 제도한다는 것이다. 대승의 보살이 소승의 수행자와 다른 것은 보살에게 이 두 가지의 원이 같이 있기 때문이다.

보살의 이 두 가지 원은 업보에 묶여 있는 다른 일체 중생들 속에 들어가서 그들과 생활을 함께 하며, 끊임없이 그들을 이익 되게 하는 기회를 얻으려고 노력하게 한다. 이러한 까닭에 보살은 고행자·은둔자·승단에 속해 있는 자로서의 생활을 버리고, 세간에 있고 세간과 함께 머물며 세간의 고통을 받으면서 일체 세간을 구극의 깨달음에 이르게 하려고 한다.

이러한 보살에는 네 가지 종류가 있다. 소위 보살의 4계위(四階位)로서 처음 마음을 낸 보살(初發意菩薩), 마음을 낸 지 오래된 보살(久

發意菩薩), 물러나지 않는 경지의 보살[不退轉菩薩], 한 생 동안만 번뇌에 얽매여 있는 보살[一生補處菩薩]이 그것이다.

첫째 계위인 '처음 마음을 낸 보살'은 보살승에 의한 수행을 시작했지만 선근이 아직 미숙하고 지혜도 부족하여 종교적 의지와 정성과 믿음이 한정되어 있는 사람이다. 따라서 깊은 뜻이 있는 반야바라밀이 설해지는 것을 들어도 그것을 이해하지 못하고 도리어 공포를 느끼며, 자주 악마에 사로잡혀 반야의 법문에 대해서 의혹을 가질 뿐만 아니라 그 마음을 쉽사리 버리지 못하는 보살이다.

둘째 계위인 '마음을 낸 지 오래된 보살'은 반야바라밀이 설해지는 것을 듣고서 무서워하지 않고 두려워하지 않으며 떨지 않는 보살이다. 그는 반야바라밀에 대해서 불퇴전의 자재력을 아직 획득하지 못하고 있지만, 그러나 두려워함이 없이 도에 나아가는 보살로서의 결의를 중요시하는 사람이다.

셋째 계위인 '물러나지 않는 경지의 보살'은 진실한 이치를 깨달아 평온한 마음을 얻었기 때문에 결코 물러나지 않고 온갖 마(魔)의 유혹을 물리쳐서, '과거의 공양 받아 마땅한, 완전한 깨달음을 얻은 여래들에 의해서 아뇩다라삼먁삼보리를 얻을 것이라고 예언된' 사람들이다.

넷째 계위인 '한 생 동안만 번뇌에 얽매여 있는 보살'이란 문수보살이나 보현보살 같은 보살마하살이다.

이 네 종류의 보살에게는 출가와 재가의 구별이 없다. 《대품반야경》〈봉발품〉제2에는 다음과 같은 구절이 있다.

사리불이 부처님께 사루어 말씀드렸다.

"세존이시여, 보살마하살에게는 반드시 부모 · 처자 · 친족 · 좋은 벗이 있습니까?"

부처님께서 사리불에게 말씀하셨다.

"어떤 보살에게는 부모 · 처자 · 친족 · 좋은 벗이 있지만, 어떤 보살은 처음 마음을 세울 때부터 음욕을 끊고 동진(童眞)의 행을 닦으며 내지 아뇩다라삼먁삼보리를 얻고, 육체적 욕망을 범하지 않는다. 그리고 어떤 보살은 방편의 힘으로 다섯 가지 욕락을 받아들인 후에 출가해서 아뇩다라삼먁삼보리를 얻는다."

경에서는 보살에게 부모와 처자가 있는 재가의 보살과 출가하여 수행하는 출가보살의 두 종류가 있음을 보이고 있다. 그러나 이들이 지향하는 바는 동일하다. 출가보살이냐 재가보살이냐 하는 것은 그렇게 중요하지 않다. 문제는 그가 자기 자신의 완성과 정각을 위해서 세간에서 도망하는 은둔적 · 소극적 자세를 취하느냐 아니면 가장 공격적인 세계 구제자가 되느냐 하는 점이다. 거기에는 신분의 높고 낮음이라든가 남녀노소의 구별이 없이 우리 모두가 보살이 되는 것이다. 누구라도 대승에 마음을 일으켜 일체 중생을 위해서 정진한다면 바로 보살이 되는 것이다. 우리 한국불교에서 불자(佛子)들을 보살이라 부르는 것은 이러한 입장에서 시사하는 바가 매우 크다고 할 수 있다.

【 반야바라밀의 신행(信行) 】

대승불교의 수행자는 모두가 보살이다. 비록 수행의 깊고 얕음에 따라 계위의 차이는 있지만, 그가 보리심(菩提心)을 내어 일체 중생을 제도하겠다는 서원으로 수행한다면 출가·재가를 막론하고 누구나가 보살이다. 그러나 수행에도 여러 가지 종류가 있다. 소승불교는 소승불교 나름대로의 수행법이 있고, 대승불교라고 해서 예외는 아니다. 그렇다면 보살은 불교의 수많은 수행법 가운데 무엇을 수행하여 보살이라 호칭되는가?

경에서는 "반야바라밀다에 의지하는 고로"라 설하고 있다. 보살이 되는 조건을 경에서는 반야바라밀에 의지하기 때문이라고 밝히고 있는 것이다. 왜 하필이면 반야바라밀인가?《대지도론》권 제12에는 다음과 같은 재미있는 이야기가 있다.

사리불이 60겁 동안 보살도를 행하면서 보시의 강을 건너려고 정진하고 있던 어느 날 어떤 걸인이 찾아와서 눈알을 달라고 했다. 그러자 사리불이 말했다.

"눈알이란 그대에게 쓸모가 없을 터인데 어찌하여 달라고 하는가? 차라리 내 몸뚱이나 재물을 요구하면 주겠다."

이에 걸인이 대답했다.

"그대의 몸뚱이나 재물은 필요치 않고 오직 눈알을 얻고 싶다. 그대가 진실로 보시를 행한다면 눈알을 달라."

그때 사리불이 눈알 하나를 뽑아 주니, 걸인은 받아들고 사리불 앞에서

냄새를 맡아보고는 누린내가 난다면서 땅에 버리고 발로 밟아 버렸다. 이를 본 사리불은 생각했다.

'이렇게 포악한 사람은 제도할 길이 없겠구나! 눈알이 실제로 필요치도 않은데 기어코 달라더니, 눈알을 주고 나니 버리고 또 발로 밟다니. 어쩌면 이다지도 포악할까. 이런 사람은 제도할 수가 없다. 차라리 스스로 공부하여 빨리 생사를 벗어나는 것만 못하겠다.'

이렇게 생각한 사리불은 보살도에서 물러나 소승으로 회향하였다.

그렇다. 십이인연을 관해서 혹은 네 가지 성스러운 진리를 닦아서 깨달음을 얻었다고 보살이 되는 것이 아니다. 그는 단지 소승의 성자일 뿐이다. 보살에게는 보살도가 있어야 하고, 이렇게 보살이 보살이라는 이름을 얻는 수행이 바로 반야바라밀행이다. 반야바라밀을 실천함에 의해서 우리들은 비로소 보살로 다시 태어나는 것이다. 무엇이 반야바라밀의 실천인가?

우리들은 이미 입의분을 통해서 반야바라밀행이 무엇인지를 살펴보았다. 그 자리는 언어와 사유가 끊어진 곳이다. 때문에 어떤 생각을 일으키거나 특정한 노력에 의해서 들어가는 것이 아니다. 만약 실천할 것이 있다든가 혹은 의지할 반야바라밀이 있다고 하면 그것은 이미 반야바라밀행이 아니다. 그리고 바로 이 언설이 끊어진 반야바라밀에 의지함에 의해서 보살에게 공능이 드러난다. 이러한 반야바라밀의 절대적인 입장을 불교에서는 진제(眞諦) 혹은 제일의제(第一義諦)라고 한다.

그러나 우리들의 눈이 이러한 반야바라밀의 진제적인 입장, 즉 반야바라밀의 절대면만을 응시하고 상대면을 보지 않는 한 그 장소에서 멈추어 버리고 그 이상 나아갈 수 있는 여지가 없어져 버린다. 여기에서 반야경은 진제에만 머물지 않고 세제(世諦)의 입장, 바꾸어 말하면 상대면에서 반야바라밀을 나타내 보여 중생들과 함께 한다. 이러한 반야바라밀의 상대적인 작용을 방편력(方便力)이라 부른다. 이 방편력에 의해서 반야바라밀은 언어와 문자로 표현되기도 하고 혹은 의지할 대상이 되어 반야바라밀을 행하는 보살들에게 많은 이익을 주게 된다.

그렇다면 세제의 입장에서 어떻게 반야바라밀에 의지하고 행할 것인가? 여기에는 두 가지 길이 있다. 첫 번째는 신행문(信行門)의 길이고, 두 번째는 신앙문(信仰門)의 길이다. 먼저 신행문의 길에 관해서 살펴보자. 《대품반야경》〈삼차품〉 제75에는 다음과 같은 경문이 있다.

수보리가 부처님께 사루어 말씀드렸다.

"세존이시여, 일체 모든 것은 있을 것이 없는 성품이라면, 부처님께서는 어떻게 일체 모든 것은 있을 것이 없는 성품을 아는 것으로 성불(成佛)하셨으며, 일체 모든 것에 있어서 자재력을 얻으셨습니까?"

부처님께서 수보리에게 이르셨다.

"그렇다. 정말 그러하다. 일체 모든 것은 있을 것이 없는 성품이다. 내가 본시 보살도를 행할 때에 육바라밀을 닦아서 온갖 탐욕을 여의고 악하고 착하지 않은 법을 여의었다."

누누이 강조한 것처럼 반야바라밀은 있을 것이 없는 성품이고, 따라서 붙잡을 수 있는 것이 아니다. 그런데도 부처님은 그 본래 없는 반야바라밀을 수행하여 성불하셨다. 수보리는 우리들의 이 의문을 풀어 주기 위하여 그 불가사의한 이치를 부처님께 여쭈었고, 부처님께서는 육바라밀행이라는 보살도를 닦아서 성불하시고, 일체 모든 것에 있어서 자재력을 얻었다고 대답하셨다.

그렇다면 육바라밀행이란 무엇인가? 육바라밀이란 보시 · 지계 · 인욕 · 정진 · 선정 · 반야라는 여섯 가지 바라밀을 말한다. 이는 또한 대승보살의 가장 핵심적인 수행덕목으로서 초기불교와 부파불교의 수도규범인 여덟 가지 바른 깨달음에 이르는 길〔八正道〕과 큰 대조를 보이고 있는 사상이라 할 수 있다. 이제 육바라밀의 각 항목에 관하여 간략히 살펴보도록 하자.

【 보시바라밀 】
보시(布施)란 말은 '주다, 베풀다'의 의미를 담고 있는 산스크리트어 '다나(dāna)'를 번역한 것으로, 자기의 소유를 남에게 나누어 베풀어 준다는 뜻이다. 작게 말하면 중생 각자가 가지고 있는 탐욕심을 없애는 치료법이라 할 수 있고, 크게 말하면 사회를 향한 봉사와 희생의 정신이라고 할 수 있다.

그렇다면 무엇을 베풀어 주는가? 경에서는 보시에 재물보시와 법보시의 두 종류가 있다고 밝히고 있다. 첫 번째의 재물보시란 자신이 가지고 있는 안팎의 모든 것을 남에게 베푸는 것이다. 《대지도론》권

제11에서는 이 안팎의 두 종류를 외보시(外布施)와 내보시(內布施)라 부르고 있다. 외보시란 연민으로 여러 가지 물건과 심지어 자기 가족까지도 남에게 주는 것이고, 내보시란 신명을 아끼지 않고 자기 육신의 전부나 혹은 일부분을 모든 중생에게 주는 것이다.

그러나 재물의 보시는 그것으로 멈추어서는 안 된다. 보살은 재물을 보시한 후에 그 사람으로 하여금 불법에 귀의하도록 가르쳐야 한다. 왜냐하면 많은 사람들이 신명은 무상함에도 불구하고 자기의 재물을 애석해 하고, 번뇌의 근본에는 '나의 물건'에 대한 집착심이 존재하기 때문이다. 이 집착심을 여의고 열반을 얻게 하는 것이 보살의 임무이기 때문이다.

다음으로 법보시란 모든 부처님의 가르침인 법을 다른 사람을 위해 연설하는 것을 말하는데, 여기에도 세간의 법보시와 출세간의 법보시가 있다. 세간의 법보시란 세간의 법을 부연하여 나타내어 법을 설한 후에 방편의 힘으로 성스럽고 번뇌가 없는 법으로 인도하는 것이고, 출세간의 법보시란 범부의 법과 함께 하지 않는 부처님 법을 베풀어 주는 것이다.

위에서 보시의 종류로 재물보시와 법보시의 두 가지를 말했지만, 후대에 가서는 이 두 가지에 무외시(無畏施)의 개념이 부가되어 통칭 보시에 세 가지가 있다고 말한다. 무외시란 모든 어려움을 무릅쓰고 타인의 위급한 경우에서 그를 구해 주어 그로 하여금 두려움에서 벗어나게 한다든가 여러 가지 방법을 일깨워 주어서 항상 안심하게 하는 것이다.

그런데 이 보시란 말은 대승불교에서는 단순한 '보시'에 멈추지 않고 항상 '보시바라밀'이라고 하여, '바라밀(波羅蜜)'이라는 말과 함께 사용되고 있다. 바꾸어 말하면 단순한 보시가 아니라 '보시의 완성' 혹은 '완전한 보시'라는 의미로 사용되고 있다. 단순히 무엇을 남에게 베푸는 것이 아니라 안팎의 모든 것을 일체지에 합치하는 마음으로 베풀고, 그것을 일체 중생들과 함께 아뇩다라삼먁삼보리에 회향하는 것이다. 즉 보시가 단순한 시여(施與)에 멈추지 않고 그것이 최고의 깨달음으로 돌려졌을 때 보시는 비로소 보시바라밀이 되는 것이다. 그렇다면 보시바라밀은 어떻게 행하는 것인가? 《대품반야경》〈무생품〉제26에서는 보시바라밀을 세간의 보시바라밀과 출세간의 보시바라밀로 나누어 설명하고 있다.

먼저 세간의 보시바라밀이란 세간 가운데서 움직이지 않고 벗어나지 않는 보시바라밀을 말한다. 즉 보살마하살이 시주(施主)가 되어서 사문이나 바라문, 빈궁한 걸인에게 안팎의 물건을 남김없이 베풀어 주고는 이렇게 생각한다. '나는 베풀고 저들은 받거니와 나는 결코 아끼고 탐내지 않으며, 나는 시주가 되고 일체를 버리며, 나는 부처님의 가르침을 따라서 보시하고 보시바라밀을 행한다.' 그리고 이렇게 보시를 하고 나서 얻어진 법으로 일체 중생과 그것을 함께 하여 아뇩다라삼먁삼보리에 회향하고 이렇게 생각한다. '이 보시의 인연으로 중생들이 금세에는 즐거움을 얻고, 뒷날에 열반의 즐거움에 듦을 얻게 하리라.'

그런데 이 보시에는 나라는 관념(我相)과 타인이라는 관념(他相)

과 베푼다는 관념〔施相〕의 세 가지 걸림이 있다. 이 세 가지 관념에 집착하는 보시이기 때문에 이것을 세간의 보시바라밀이라고 한다.

다음으로 출세간의 보시바라밀이란 세간 가운데서 움직이고 벗어나는 보시바라밀인데, 보살마하살이 보시를 할 때에 자기를 붙잡지 않고 받는 이를 붙잡지 않고 베푸는 물건을 붙잡지 않으며, 또한 과보를 바라지도 않는 보시를 말한다. 이것을 세 가지 보시에 필요한 요소의 청정함〔三輪淸淨〕이라 부른다. 이 세 가지 보시에 필요한 요소의 청정함을 보통 삼륜청정(三輪淸淨)이라고도 하는데, 이 경우에는 보살마하살이 안팎의 물건을 일체 중생에게 베풀어 주지만 중생을 붙잡지도 않고, 이 보시로 아뇩다라삼먁삼보리에 회향하지만 미세한 법의 모양까지도 보지 않는다.

사실 보시바라밀행이란 극히 어려운 수행이다. 왜냐하면 지혜를 아직 얻지 못한 사람들이라도 보시를 행하는 것은 가능하고, 그것을 반복하여 수습함에 의해서 결국 아욕과 아집을 여읜 무소득의 지혜를 얻을 수 있지만, 그러나 한편 참된 지혜가 수반되지 않는 보시는 나라는 관념과 타인이라는 관념과 베푼다는 관념의 세 가지에 붙잡히게 되기 때문이다. 그래서 《대지도론》에서는 보시를 부정시(不淨施)와 정시(淨施)로 구별하고 있다. 부정시란 번뇌를 완전히 벗어나지 못한 세간의 보시라는 의미고, 정시란 번뇌가 완전히 없어진 출세간의 보시란 뜻이다. 이 두 가지 보시 가운데 나라는 관념과 타인이라는 관념과 베푼다는 관념이 끊어진 정시야말로 반야부 경전에서 주장하는 보시바라밀임은 재론할 필요도 없다.

【 지계바라밀 】

계(戒)란 산스크리트 어 '쉴라(śīla)'의 번역어로 반복해서 행하는
것, 즉 '습관·도덕'이라는 의미를 담고 있다. 이 말이 불교에 채택
되어 《대지도론》 권 제13에서는 "즐겨 선도(善道)를 행하여 방일(放
逸)을 멀리 하는 것"이라고 말하고 있다. 또한 계란 성선(性善)을 가
꾸는 것이라고 하기도 하는데, 이 말은 인간은 본래 선한 것이며, 인
간이 지니고 있는 본래의 그러한 성향을 키우는 것이 계라는 의미를
담고 있다. 그렇다면 반야부 경전에서는 지계바라밀을 어떻게 설하
고 있는가?

《대품반야경》 〈문승품〉 제18에서는 지계바라밀에 관하여 다음과
같이 정의하고 있다.

　　무엇을 지계바라밀이라고 부르는가? 수보리야, 보살마하살은 일체지
　　에 합치하는 마음으로 스스로 열 가지 착한 행위〔十善道〕를 행하고, 또한
　　타인으로 하여금 열 가지 착한 행위를 행하게 하니, 붙잡을 것이 없기 때
　　문이다. 이것을 보살마하살의 지계바라밀이라고 말한다.

　　주지하는 바와 같이 초기불교 내지 부파불교는 비구와 비구니의
계율로서 250가지가 넘는 항목을 설정하고 있고, 또한 일반 불교도
의 일상 윤리의 규범으로 다음의 다섯 가지 조항, 소위 오계(五戒)를
들고 있다.

첫째, 불살생(不殺生:살생하지 않는다)

둘째, 불투도(不偸盜:도둑질을 하지 않는다)

셋째, 불사음(不邪淫:삿된 음행을 하지 않는다)

넷째, 불망어(不妄語:거짓말을 하지 않는다)

다섯째, 불음주(不飮酒:술을 마시지 않는다)

그러나 반야부 경전에서는 지계바라밀을 스스로 열 가지 착한 행위를 행하고, 또한 타인으로 하여금 열 가지 착한 행위를 행하게 하는 것이라고 정의하고 있다. 무엇이 열 가지 착한 행위인가?《대품반야경》〈멸쟁품〉제31에서는 그 열 가지를 이렇게 설하고 있다.

스스로도 살생(殺生)하지 않고 타인을 시켜 살생케 하지 않으며, 살생하지 않는 법을 찬탄하고 또한 살생하지 않는 이를 환희하고 찬탄한다. 스스로도 도둑질〔不與取〕을 멀리 여의고 타인을 시켜 도둑질함을 멀리 여의게 하며, 도둑질을 멀리 여의는 법을 찬탄하고 또한 도둑질을 멀리 여의는 이를 환희하고 찬탄한다. 스스로도 삿된 음행을 하지 않고 타인을 시켜 삿된 음행을 하지 않게 하며, 삿된 음행을 하지 않는 법을 찬탄하고 또한 삿된 음행을 하지 않는 이를 환희하고 찬탄한다. 스스로도 거짓말을 하지 않고 타인을 시켜 거짓말을 하지 않게 하며, 거짓말하지 않는 법을 찬탄하고 또한 거짓말하지 않는 이를 환희하고 찬탄한다. 이간질하는 말〔兩舌〕, 저주하는 말〔惡口〕, 이익이 없는 말〔無利益語〕도 이와 같다. 스스로도 탐내지 않고 타인을 시켜 탐내게 하지 않으며, 탐내지 않는 법을 찬

탄하고 탐내지 않는 이를 환희하고 찬탄한다. 성내지 않음과 삿된 소견을
갖지 않음도 이와 같다.

열 가지 착한 행위란 살생(殺生)·투도(偸盜)·사음(邪淫)·망어(妄
語)·양설(兩舌)·악구(惡口)·기어(綺語:경에서는 이익이 없는 말)·
탐욕(貪欲)·진에(瞋恚)·사견(邪見)이라는 열 가지 악행을 여의는 것
이다. 그러나 여기에서는 십선도라고 하면서도 음주(飮酒)의 계율이
부가되어 있기 때문에 11종이 열거되고 있다. 십선도는 출가·재가
에 공통된 계로서 설해진 것이긴 하지만, 재가는 그렇다고 해도 출가
의 보살은 음주를 삼가했기 때문에 불음주의 항목이 십선에 부가된
것일 것이다.

그런데 여기서 간과할 수 없는 한 가지가 있다. 십선도가 오계(五
戒)에 포함되어 있던 음주계를 버리고 언어적 행위를 중요시하여 망
어를 망어·양설·악구·무이익어라는 네 개의 항목으로 나누어 들
고 있는 점이다. 이것은 역시 십선(十善)이 재가자의 덕목이었던 까
닭에 사회생활에 보다 중요한 말의 계율을 늘리고 음주에 대해서는
비교적 관용하게 된 것이라고 생각할 수 있다.

【 인욕바라밀 】

인욕(忍辱)이란 산스크리트 어 '크샨티(kṣānti)'의 번역으로 '참는
것, 조용히 견디는 것'이라는 의미가 있다. 《대승의장》제12에서는
인욕을 "타인이 비방을 가하는 것을 이름하여 욕(辱)이라 하고, 욕을

능히 참고 견디는 것을 일컬어 인(忍)이라 한다."라고 해석하고 있다. 즉 인욕이란 무엇보다도 남이 어떤 파괴적인 언사나 행동으로 자신을 다치게 했을 때, 그 모욕에 대하여 꾹 참고 견디어 낸다는 것이다. 어떻게 참고 견디어 낼 것인가?《유가사지론》권57에서는 그 구체적인 방법으로 세 가지를 설하고 있다. 첫째는 분노하지 않는 것이다. 너무나 당연한 말이지만, 타인의 비방에 말이나 행동으로 화를 낸다면 인욕이 아니다. 두 번째는 원한을 갖지 않는 것이다. 비록 즉석에서 화를 내지는 않았지만, 언젠가 앙갚음을 한다면 이것 역시 인욕이라 할 수 없다. 세 번째는 악심을 품지 않는 것이다. 비록 즉석에서 화를 내지도 않고 앙갚음을 생각하지 않는다 하더라도 원망심이 마음속에 남아 있어서는 인욕한다고 할 수 없다.

인욕이란 이렇게 힘든 수행이다. 그래서 육바라밀 가운데 나머지 다섯 가지 바라밀은 인욕바라밀이 없이는 성취될 수 없다고도 한다. 그러나 한편 생각해 보면 인생이란 전부가 참지 않으면 안 되는 것이다. 사람으로 인해서 비롯된 것도 있지만 이외에도 추위나 더위, 비와 바람 등의 자연적인 현상도 끊임없이 참고 견딜 것을 요구한다. 불교에서는 이 세상을 사바세계(娑婆世界)라고 한다. 이 말은 인토(忍土)라고 번역되는 것으로 이 세상이야말로 참지 않으면 안 되는 곳이라는 뜻이다. 우리들이 이 세상에 살고 있는 것은 참고 견뎌야 한다는 뜻을 불교에서는 이렇게 사바세계라는 말로 표현하고 있다. 그렇다면 반야부 경전에서는 인욕바라밀을 어떻게 말하고 있는가?

《대품반야경》〈문승품〉제19에는 인욕바라밀에 관하여 다음과 같이 정의하고 있다.

무엇을 인욕바라밀이라고 부르는가? 수보리야, 보살마하살은 일체지에 합치하는 마음으로써 스스로 참음을 원만히 갖추고, 또한 타인으로 하여금 참음을 행하게 하니, 붙잡을 것이 없음인 까닭이다. 이것을 보살마하살의 인욕바라밀이라고 말한다.

인욕바라밀이란 붙잡을 수 없는 것으로 스스로 참음을 원만히 갖추고, 타인으로 하여금 참음을 행하게 하는 것이다. 어떻게 참음을 원만히 갖출 것인가? 《대품반야경》〈육유품〉제77에는 "인욕에 중생이 본래 공임을 아는 인욕〔生忍〕과 모든 것이 본래 공임을 아는 인욕〔法忍〕의 두 가지가 있는데, 보살은 이 두 가지 인욕에 머물러서 인욕바라밀을 원만히 갖추어야 한다."고 설하고 있다.

첫 번째의 중생이 본래 공임을 아는 인욕이란 일체 중생들이 찾아와서 욕하고 비방하며 추악한 말을 하고 혹은 가지가지 흉기로 자신을 때리더라도 조금도 나쁜 생각을 내지 않고 참는 것이다. 또한 공경하고 공양하기 위해서 오는 사람에게 사랑하는 마음을 가지면 우쭐되는 마음이 생기고 뒤이어 애착과 집착이 생기기 때문에 그들을 사랑하지 않는 것도 이 인욕에 속한다.

두 번째의 모든 것이 본래 공임을 아는 인욕이란 모든 실체가 공하고 모든 법의 모습이 항상 청정함을 관찰하여 진심으로 믿어 물러나지 않는 것이다. 이렇게 두 가지 인욕을 행하면 마치 사람이 눈과 발이 있으면 생각하는 대로 갈 수 있는 것과 같이 한량없는 복덕과 지혜를 구족하여 원하는 바를 다 이룰 수 있다.

【 정진바라밀 】

정진(精進)이란 산스크리트 어 '비리야(vīrya)'를 번역한 말로 원어상으로는 '이겨낸다'는 의미를 담고 있다. 게으름을 이겨내고 바른 마음의 상태를 지킨다는 뜻으로 근정진(勤精進)이라는 말로 번역되기도 한다. 따라서 정진의 가장 일반적인 의미는 무엇보다도 힘써 나간다는 것이다. 그렇다고 해서 정진을 그대로 우리들의 일상적인 노력과 같은 것이라고 이해해서는 안 된다. 우리 주변에는 나름대로 열심히 노력하는 사람들이 많지만, 그들이 모두 부처님 눈으로 보아 올바른 노력을 한다고는 볼 수 없기 때문이다. 따라서 이 육바라밀의 정진은 팔정도(八正道)의 올바른 노력〔正精進〕과 같은 성격이라 할 수 있다. 즉 번뇌를 소멸하여 올바른 견해를 실현시키고자 부지런히 힘쓰는 것이 올바른 노력이듯이 정진 역시 깨달음을 향하여 작용하고 마침내 거기에 도달하고자 힘써 나가는 것이다.

이러한 관점에서 보면 《대품반야경》〈문승품〉 제18에서 설하고 있는 정진바라밀의 다음과 같은 정의는 시사하는 바가 크다고 할 수 있다.

무엇을 정진바라밀이라고 부르는가? 수보리야, 보살마하살은 일체지에 합치하는 마음으로써 다섯 가지 바라밀〔五波羅蜜〕을 행하여 정성스럽게 닦아 쉬지 않으며, 또한 일체 중생들을 다섯 가지 바라밀에 편안히 세우니 붙잡을 것이 없음인 까닭이다. 이것을 보살마하살의 정진바라밀이라고 말한다.

우리들이 수행을 하는 것은 불도(佛道)를 성취하는데 그 목적이 있다. 그런데 이 불도의 성취에는 복덕문(福德門)과 지혜문(智慧門)의 두 가지 길이 있다. 보시와 지계와 인욕을 행하는 것은 복덕의 문이고, 모든 법의 실상인 마하반야바라밀을 아는 것은 지혜의 문이다. 이 가운데 지혜의 문인 반야바라밀의 증득은 반드시 선정문(禪定門)에 의지해야 하는데, 이 선정문은 큰 정진이 있을 때만 가능하다. 이처럼 정진바라밀이란 다섯 가지 바라밀[五波羅蜜]을 행하여 정성스럽게 닦아 쉬지 않으며, 또한 일체 중생들을 다섯 가지 바라밀에 편안히 세우는 것이다. 다시 말하면 부처님의 교법을 힘써 닦고 다른 사람으로 하여금 행하게 하는 것이다.

또한 경전은 전생에 지은 복덕이 솟아나게 하여 일체의 소원을 이루게 하는 원동력이다. 이는 마치 메마른 땅에 뿌려진 종자에 비가 오면 싹이 잘 트는 것과 같다. 비록 전생에 복덕의 인연을 많이 지었더라도 금생에 정진이 없으면 복덕은 나타나지 않는다. 이렇게 정진이 없으면 금생의 조그마한 이익도 얻을 수 없는데, 하물며 어찌 불도를 이룰 수 있겠는가. 여기서 우리들은 수행에 있어서 정진의 중요성을 새삼 인식하게 된다.

정진은 크게 몸의 정진[身精進]과 마음의 정진[心精進]으로 나눈

다. 이렇게 나누는 이유를 《대지도론》권 제16에는 "정진은 마음의 작용〔心數法〕이라고 할 수 있지만, 신력(身力)에서 나오므로 이름하여 마음의 정진〔心精進〕이라 한다."고 설명하고 있다. 가령 몸의 힘으로 부지런히 닦되 손으로 보시를 하거나 입으로 경을 외우고 법을 강설하는 등은 몸과 입의 정진이라 할 수 있음과 같다는 것이다. 그래서 논에서는 이 두 가지 정진을 육바라밀행의 입장에서 고찰하여 보시바라밀과 지계바라밀은 몸의 정진에 속하고, 인욕바라밀과 선정바라밀, 그리고 지혜바라밀은 마음의 정진에 해당된다고 설명하고 있다. 그러나 이렇게 밖의 일을 부지런히 닦는 것을 몸의 정진이라 하고, 속으로 스스로 전일한 것을 마음의 정진이라 부르지만, 이 두 가지 정진이 둘이면서도 하나가 되었을 때 바른 정진바라밀이 되는 것이다.

【 선정바라밀 】

선정(禪定)의 선(禪)은 산스크리트 어 '드야나(dhyāna)'를 음역한 것이다. 드야나는 선나(禪那)라고도 음역되는데, '명상하다'는 의미를 지니고 있기 때문에 정려(淨廬)라고 번역하기도 한다. 여기에 '평정하다' '바로 잡는다'는 뜻의 정(定)이라는 한자가 덧붙여져 만들어진 말이 선정이다. 그러므로 선정이란 말은 음역과 의역이 복합된 것이다.

우리들은 앞에서 보시·지계·인욕의 세 가지 행이 불도를 성취하는데 있어서 필요한 복덕문임을 살펴보았다. 그러나 이 보시를 비롯한 복덕문은 한량없는 세상에서 스스로 쾌락을 받고 중생을 이롭게 할 수는 있지만, 그 쾌락은 무상한 것이고 마침내 다시 괴로움을 받지 않을 수 없다. 여기에서 부처님은 항상하고 즐거운 열반을 설하셨다. 그런데 그 열반이라는 것은 진실된 지혜에 의해서만 얻어지는 것이고, 지혜는 선정에 의해서만 생기는 것이다. 따라서 선정이 없는 열반은 생각할 수가 없다.

그렇다면 이 선정바라밀을 어떻게 행할 것인가? 《대품반야경》〈문승품〉 제18에는 선정바라밀에 관하여 다음과 같이 정의하고 있다.

무엇을 선정바라밀이라고 부르는가? 수보리야, 보살마하살은 일체지에 합치하는 마음으로써 스스로 방편을 가지고 모든 선정에 들지만, 선정에 따라서 태어나지 않고, 또한 타인을 가르쳐서 선정에 들게 하니, 붙잡을 것이 없기 때문이다. 이것을 보살마하살의 선정바라밀이라고 말한다.

선정에 든다고 해서 꼭 선가에서 말하는 좌선을 의식할 필요는 없다. 모든 어지러운 마음을 쉬게 할 수 있다면 좌선 외에도 염불이나 주력 혹은 간경이나 기도를 통해서도 선정에 드는 것은 가능하다. 단지 《대지도론》 권 제17에는 방편상 "다섯 가지 일〔五事〕을 물리치고 다섯 가지 법〔五法〕을 제하며 다섯 가지 행〔五行〕을 행하여 선정바라밀을 얻는다."라고 설하고 있다.

먼저 다섯 가지 일이란 다섯 가지 욕망〔五欲〕, 즉 묘한 빛깔·소리·냄새·맛·촉감을 말한다. 이 다섯 가지 욕망은 얻을수록 더욱

심해서 사람을 해치기가 마치 독사를 밟은 것 같기 때문에 물리쳐야
한다. 다음 다섯 가지 법이란 다섯 가지 가림[五蓋], 즉 탐욕·성
냄·수면·도회(掉悔:마음이 어지럽고 들뜨거나 거꾸로 근심하거나
걱정하여 후회하는 것)·의심을 말한다. 이 다섯 가지 가림은 마음을
덮어서 착한 법을 내지 못하게 하기 때문에 없애야 한다. 세 번째의
다섯 가지 행이란 다섯 가지 법, 즉 의욕[欲]·정진·기억[念]·공
교로운 지혜[巧慧]·한 마음[一心]을 말한다. 이 다섯 가지 법에 의
해서 욕계를 벗어나 초선천을 구하고자 하는 마음이 들기 때문에 힘
써 행해야 한다.

　불교란 지식의 습득이 아니다. 그것은 인생의 고뇌를 영원히 해결
하고자 하는 노력이다. 때문에 자신의 경험이나 혹은 자신의 괴로움
등이 부처님의 가르침과 어디서인가에서 연결되어 해결을 보아야 한
다. 만약 그런 것이 없다면 불교서적을 아무리 읽고 법문을 몇 백 번
들어도 소용이 없다. 생에 대한 문제의식을 안고 하루 한 시간이라도
선정에 드는 생활을 해야 한다. 실로 선가(禪家)에서 '불립문자(不立
文字)'를 그렇게도 요란하게 말하는 것도 바로 이 때문이다. 모든 경
전이나 논서의 말은 달을 가리키는 손가락에 불과하다. 그 손가락에
의해서 우리들은 부처님의 세계를 볼 수는 있어도 거기에 도달할 수
는 결코 없다. 이때 그 손가락이 가리킨 그 부처님의 세계에 도달할
수 있는 길이 바로 선정이고, 선정의 생활이야말로 자신이 부처님의
세계에 도달해 있는 시간이기도 하다.

【 반야바라밀 염송 】

다음으로 세제의 입장에서 반야바라밀에 의지하고 행하는 두 번째 길인 신앙문에 관해서 살펴보자. 대승경전에는 청법대중으로 많은 부류의 인물이 등장하고 있다. 부처님의 십대제자로 일컬어지는 수보리나 사리불 같은 성문들이 있는가 하면, 천·용·야차 등을 비롯한 신선들도 등장한다. 그러나 그 많은 등장인물 가운데 가장 대표적인 부류는 역시 보살마하살과 선남자·선여인이다. 이러한 경향은 반야부 경전이라고 해서 결코 예외는 아니어서 여기서도 반야바라밀을 신수(信受)하는 인물을 보살과 선남자·선여인이라는 둘로 크게 나누어 구별하고 있다.

그러나 같은 반야바라밀의 수행자이긴 하지만, 보살마하살과 선남자·선여인 사이에는 수행의 분상에서 차별이 주어지고 있다. 즉 보살마하살이라고 하는 경우에는 위에서 살펴본 육바라밀행을 비롯한 반야바라밀이 가지는 높고 심원한 진리 그 자체의 지혜를 증득하기 위하여 피나는 수행을 실천해 나가는 수행자의 모범적인 이상형(理想形)으로 나타나는 반면, 선남자·선여인이라고 말하면 같은 반야바라밀 수행자이긴 하지만 반야바라밀을 공양한다든가 혹은 독송하는 등의 일상적이고 쉬운 반야바라밀 수행의 실천자라고 하는 점에 중심이 놓여 있다.

이제 보살의 반야바라밀행과는 그 차원을 달리하는 선남자·선여인의 반야바라밀 수행에 관한 특징을 《대품반야경》〈대명품〉 제32를 통해서 고찰해 보자.

(가) 만약 어떤 선남자·선여인이 이 깊은 반야바라밀을 듣고서 받아 지니며, 가까이하여 독송하고 바르게 사유하여 일체지〔薩婆若〕의 마음을 여의지 않으면, 두 군대가 싸우고 있을 때에 이 선남자·선여인은 반야바라밀을 외우는 한 전투에 휩쓸리게 되어도 결코 목숨을 잃는 일이 없고 칼이나 화살에도 다치지도 않는다.

(나) 반야바라밀을 단지 서사(書寫)해 책으로 만들어 집에서 공양만 하고 기억도 하지 않고 읽으며, 외우지도 않고 설하지도 않으며 바르게 사유하지 않는다 하더라도 이곳에서는 사람이나 혹은 사람이 아닌 것〔非人〕이 해로움을 끼치려고 해도 그 기회를 얻을 수 없다.

첫 번째 경문은 선남자·선여인이 반야바라밀을 받아 지녀서 외울 때에 일체의 재난을 면할 수 있다는 것이고, 두 번째 경문은 선남자·선여인이 반야바라밀을 기억도 하지 않고 읽지도 않으며 염송도 하지 않고 설하지도 않으며 바르게 사유하지 않는다 하더라도 《반야바라밀경》을 책으로 만들어 집에서 공양함으로써 현세의 많은 이익을 얻는다는 것이다.

여기에서 우리들은 반야경이 설하는 신앙의 유형(類形)을 발견하게 된다. 먼저 반야경의 신앙은 선남자·선여인이 반야바라밀을 듣고서 수지·독송하고 공양한다는 것이 그 내용으로 규정되고 있다. 그리고 그 기본적인 형태가 다음과 같은 두 가지로 제시된다.

첫째는 반야바라밀을 잊지 않고 가까이하며 독송하고 바르게 사유

하여 부처님의 일체를 아는 지혜의 마음을 여의지 않는 것이며, 둘째
는《반야바라밀경》을 책으로 만들어 집에서 공양하는 것이다.

이 두 가지 중 어느 한 가지라도 선남자 · 선여인이 행할 때 그 공
덕으로 현세의 이익을 얻는 것이다. 다시 말하면 반야경의 신앙 · 사
상은 법신불의 인격체인 불보살에게 귀의하여 그 명호를 부르는 것이
아니라 법신불이 인격화된 반야바라밀에 귀의하여 반야바라밀을 부
르고 공양하는 것이라고 경에서는 밝히고 있다.

그렇다면 반야바라밀을 부른다는 첫 번째 신앙형태는 구체적으로
어떤 것인가?《대품반야경》〈권지품〉제34에서는 부처님께서 석제
환인에게 아수라의 나쁜 마음을 없애기 위해 반야바라밀을 송념(誦
念)하라고 다음과 같이 가르치고 있다.

교시가야, 자네는 반드시 이 반야바라밀을 받아 지니고 독송하며, 남
을 위하여 설하고 바르게 사유해야 한다. 왜냐하면 모든 아수라가 욕심을
내어서 삼십삼천(三十三天)과 싸우고자 하면 교시가야, 자네는 이때 반드
시 반야바라밀을 송념(誦念)해야 하고, 그러면 모든 아수라의 나쁜 마음
이 바로 소멸되고 다시는 생기지 않기 때문이다.

여기에서는 독송이라는 표현이 송념으로 바뀌어 나타나고 있지만,
행위 그 자체에는 큰 차이가 없다고 여겨진다. 왜냐하면 이 〈권지품〉의
법문에 의거해서 〈견이품〉제35에서는 석제환인이 반야바라밀을 외
움으로써 외도 범지가 물러갔음을 아래와 같이 밝히고 있기 때문이다.

그때 많은 외도(外道)인 범지(梵志)들이 부처님 처소로 다가와 부처님께서 설하시는 반야법문의 허물을 찾으려고 했다. 이때 석제환인이 마음속으로 생각했다.

'이 여러 외도인 범지들이 부처님 처소로 다가와 부처님께서 설하시는 반야법문의 허물을 찾으려고 한다. 나는 이때 마땅히 부처님께 받은 반야바라밀을 송념(誦念)해서, 이 여러 외도인 범지들이 끝까지 장애를 주지 못하게 하여 반야바라밀을 설하시게 해야 한다.'

석제환인은 이렇게 생각하고는 바로 반야바라밀을 외웠다. 그러자 많은 외도인 범지들이 멀리서 부처님의 주위를 맴돌다가 길을 바꿔 돌아갔다.

그때 사리불이 마음속으로 생각했다.

'지금 여기에 무슨 인연이 있어서 많은 외도인 범지들이 멀리서 부처님의 주위를 맴돌다가 길을 바꿔 돌아갔는가?'

부처님께서 사리불의 마음을 헤아리시고 사리불에게 이르셨다.

"이것은 석제환인이 반야바라밀을 송념했기 때문이다. 이 인연에 의해서 많은 외도인 범지들이 멀리서 나의 주위를 맴돌다가 길을 바꿔 돌아간 것이다."

위의 두 경문을 통해서 우리들은 반야바라밀의 수지·독송이 어떤 것인가를 확연히 볼 수가 있다. 그것은 다름 아닌 선남자·선여인, 즉 모든 불자가 염불하는 것처럼 반야바라밀을 바르게 사유하면서 '반야바라밀, 반야바라밀, 반야바라밀……'이라고 반복해서 반야바라밀을 외우는 것이다.

그런데 이 반야바라밀을 외운다는 표현은 그렇게 적절한 것이라고 할 수 없다. 물론 현재 우리말에 송념이라는 말을 어떻게 번역하면 적절할까 하는 문제는 있지만, 외운다는 것은 아무래도 목적을 가지고 기억했던 여러 가지를 소리로 만들어내는 것을 연상하게 된다. 우리말에 '염불을 외운다'는 표현이 있기는 하지만, 이것 역시 적절한 표현이라고 하기는 어려울 것 같다. 그러면 '반야바라밀을 외운다'는 것을 어떻게 표현하면 적절할까?

《대반야경》에서는 이것을 염송이라 표현하고 있다. 불보살의 명호를 부르는 것을 염불이라 하듯이 반야바라밀이라는 말을 부르는 것이기 때문에 이렇게 표현하지 않았나 여겨진다. 그러나 반야바라밀을 염송한다고 해서 꼭 '반야바라밀'이라는 다섯 자를 고집할 필요는 없을 것이다.

한국불교에서는 전통적으로 망자(亡者)를 위하여 영전(靈前)에서 《금강경》 독경을 의식화하고 있지만, 이와 마찬가지로 사자(死者)를 위하여 반야경전을 읽는 것을 독송이라 함은 너무나 당연한 것이다.

【 반야바라밀 공양 】

다음으로 《반야바라밀경》을 책으로 만들어 집에서 공양한다는 두 번째 신앙형태에 관해서 살펴보자. 《대품반야경》에는 상제보살(常啼菩薩) 구도(求道) 이야기라고 말할 수 있는 〈상제품〉이 있다. 여기에 의하면 상제보살은 반야바라밀을 구하기 위하여 동방으로 여행하고 마침내 중향성(衆香城)에 이르게 되며, 그 도성의 담무갈보살(曇無竭

菩薩) 궁전에서 《반야바라밀경》을 보게 되는데, 그 정황(情況)을 이렇게 설시하고 있다.

　　그때 담무갈보살마하살이 계신 곳에는 일곱 가지 보석으로 장식된 누각이 있어 붉은 전단향으로 장식되고, 진주로 만들어진 망으로 누각 위를 덮었으며 네 모퉁이에는 전부 마니주보(摩尼珠寶)를 걸어서 등불을 대신하고 있었다. 그리고 네 가지 보석으로 된 향로에서는 끊임없이 명향(名香)이 타고 있었다. 반야바라밀을 공양하기 위해서이다.

　　그 누각 안에는 일곱 가지 보석으로 된 큰 상(床)이 있고, 그 위에 네 가지 보석으로 된 작은 상이 놓여져 있었다. 작은 상 위에는 황금 종이에 반야바라밀을 써서 안치하고 있었다. 그 위에는 가지가지 깃발이 늘어져 덮여 아름답게 장식되어 있었다. 살타파륜보살과 모든 여인들은 이 절묘한 누각이 많은 보석으로 아름답게 장식되어 있는 것을 보고, 또 석제환인이 한량없이 많은 하늘과 함께 천상의 만다라꽃과 미세한 전단가루와 보석가루를 누각 위에 뿌리고, 천상의 음악을 연주해서 공중으로부터 이 누각을 즐겁고 기쁘게 하는 것을 보았다.

이 부분이야말로 반야경에 나타나 있는 반야바라밀 경전 공양의 구체적인 방법을 보여준다고 할 수 있는데, 경문에서도 분명히 알 수 있는 것은 반야바라밀 경전 공양이란 반야경을 예배 · 공양하는 것이라는 점이다. 즉 반야바라밀을 행하는 두 번째 신앙형태란 선남자 · 선여인이 반야바라밀 경전을 공양하는 것이고, 이 '경전 공양'이란 경전을 예배·공양하는 것이다. 그렇다면 예배·공양의 방법은 어떤 것인가?

먼저 경에서는 "경권을 서사해서 집에서 공양한다." 혹은 "반야바라밀 대신주왕(大神呪王)을 써서 청정한 곳에 안치하고 공경·공양·존중·찬탄해야 한다."라고 설시하고 있는데, 이는 집안의 깨끗한 곳에 반야경을 안치하고 공양하라는 의미를 담고 있다. 다음으로 경권을 안치시키는 방법 및 공양하는 구체적인 모습이 문제가 되는데, 이것은 앞에서 말한 〈상제품〉 인용문에서 자세하게 보인다. 다만 《반야바라밀경》을 공양함에 있어서는 꽃·향·장신구 등의 물질적인 것을 갖고 공양하는 것뿐만 아니라 끊임없는 공경·찬탄 등의 정신적 공경이 저면에 깔려 있음을 경은 분명히 하고 있다.

한편 이 반야바라밀 공양은 자주 사리탑 공양(舍利塔供養)과 비교되고 있는데, 이와 관련하여 《대지도론》에서는 "사리 공양은 믿음의 바탕이 많은 사람이 행하는 것이고, 경전 공양은 지혜의 바탕이 많은 사람이 행하는 것이다."라고 설하여 사리 공양보다는 반야바라밀 공양의 우위를 강조하고 있다. 왜냐하면 믿음의 목적은 필경 지혜의 증득에 있기 때문이다. 여하튼 반야바라밀 경전 공양은 반야경을 부처님의 사리와 마찬가지로 예배의 대상으로 해서 꽃이나 향 등을 바쳐서 예배·공양하는 '신앙불교'이다.

이상에서 우리들은 반야바라밀에 의지하는 구체적인 두 가지 방법인 육바라밀행과 반야바라밀의 신앙에 관하여 살펴보았다. 이러한 반야바라밀의 실천에 의하여 우리들은 누구나 보살이 된다. 왜냐하면 이 두 가지 실천을 통해서 우리들은 사물에 사로잡히지 않게 되고, 따라서 마음이 사물의 진상을 바로 보게 되기 때문이다.

(3) 반야바라밀의 공덕

◉

心無罣碍 無罣碍故 無有空怖 遠離顚倒夢想 究竟涅槃

마음에 걸림이 없고, 걸림이 없는 까닭에 공포가 없으며, 뒤바뀐 허망한 생각을 멀리 떠나 마침내 열반을 얻는다.

【 일체성취 반야바라밀 】

지금까지 우리들은 보살이 반야바라밀에 의지하는 몇 가지 방법을 살펴보았다. 경에서는 보살이 이렇게 반야바라밀을 의지함에 의해서 얻게 되는 구체적인 공덕을 "마음에 걸림이 없고, 걸림이 없는 까닭에 공포가 없으며, 뒤바뀐 허망한 생각을 멀리 떠나 마침내 열반을 얻는다."라고 설하고 있다. 즉 반야바라밀을 행하는 보살은 마음에 걸림이 없기 때문에 첫째 일체에 공포가 없고, 둘째 뒤바뀐 허망한 생각을 멀리 떠나며, 셋째 마침내 열반을 증득하는 이익을 얻는다고 경은 밝히고 있다.

그런데 이 반야바라밀에 의한 공덕 하나하나를 논하기에 앞서 우리들이 먼저 살펴보아야 할 문제가 한 가지 있다. 소위 불교 신행과 관련한 현세 이익사상이다. 주지하는 바와 같이 모든 대·소승 경전에는 그 경전의 수지·독송으로 얻어지는 수많은 현세 이익을 설하고 있다. 그런데도 불구하고 현세 이익사상은 지금까지 불교 본래의 형태는 아니라고 해서 소위 지식층으로부터 부정적으로 취급되었던 것이 사실이다. 또한 일반적으로도 천박한 것으로 멸시되어 그다지 좋은 의미로는 사용되지 않았다고 할 수 있다. 왜냐하면 일반적으로 종교적 현세 이익을 인간이 갖는 이상적 욕구를 현실적이고도 합리적인 방법으로 달성할 수 없는 사람이 신이나 혹은 부처님의 절대적 힘을 빌려 현실문제를 타개하려는 것으로 말하고 있기 때문이다.

그래서 반드시 이러한 두 가지 사고방식, 즉 현세 이익에 관한 부정적인 시각과 긍정적인 시각의 두 가지 논리에 기인했다고 생각되지는 않지만, 불교학자들 사이에도 현세 이익사상을 보는 사고방식에 두 가지 흐름이 있는 것처럼 보인다.

먼저 현세 이익을 부정적 시각에서 보는 사람들은 초기불교의 현세 이익사상에 관해서, "불교는 '인생은 고(苦)다'라는 세계관에 입각해 연기설(緣起說)을 전개시키고 인과사상(因果思想)에 입각해 윤회설(輪廻說)을 타파하려고 하는 것이었다. 그러나 현세 이익사상은 윤회설을 무시하고 있는 것이 사실이라고 해도 역시 인과사상에 입각하고 있음은 분명한 것이고, 따라서 불교에는 처음부터 현세 이익사상이 끼어들 여지가 없었다."라고 말한다. 즉 부처님 자신에 있어서는 현세 이익적인 신앙이나 행법(行法)은 없었다고 보는 것이다.

다음으로 현세 이익을 긍정적 시각에서 보는 사람들은, "고타마 싯다르타 태자가 출가해서 6년간 수행한 끝에 현재의 부다가야 보리수 아래서 깨달음을 얻어 부처님이 되었다. 즉 인간적 고뇌의 문제를 해결한 것이다. 이때부터 입멸하시기까지 45년 동안 석가모니 부처님은 인간적 고뇌를 극복하는 길을 사람들에게 설하고 그것에 의해서 많은 사람을 구제했다. 이것이 불교다. 불교가 역사와 함께 가령 어떻게 변화해도 현실의 인간적 고뇌의 해결을 떠나서는 불교는 존재할 의미가 없다."고 말한다. 즉 현세 이익이야말로 불교의 기본적인 요청이라고 보는 것이다.

이러한 두 견해를 요약한 것이 소위 기복(祈福)과 작복(作福)이라는 말이 아닌가 여겨진다. 그 동안 우리 불교계는 식자층을 중심으로 기복불교 탈피라는 말을 공공연히 했다. 부처님께 복만을 비는 불교에서 벗어나자는 긍정적인 면이 없지는 않지만, 한편으로는 부처님께 공양 올리고 축원하는 것이 마치 불교가 아닌 잘못된 것처럼 매도하는 투였다. 드러나 자신만을 생각하여 사리에 맞지 않게 부처님께 복을 구걸하는 행위는 지탄받아 마땅하지만, 기복적인 요소를 불교가 아니라고 할 수는 없다.

종교행위는 인류역사와 그 기원을 같이 하고 있다. 그리고 그 모든 종교에는 그것이 미개인의 종교든 현대인의 종교든 간에 기복적인 요소가 바탕이 되어 있다고 말할 수 있다. 특히 종교적인 성향이 독특한 우리 민족에게 있어서는 다른 민족에 비해서 그 경향이 두드러지게 나타나고 있고, 이러한 예는 현재 우리나라에서 다른 종교라고 해서 예외가 되는 것은 아니다. 그런데도 유독 불교에서 기복신앙을 문제로 삼는 것은 위에서 지적한 것처럼 불교신행의 기본적인 법칙을 도외시한 이기적인 신앙행위 때문이 아닌가 한다. 따라서 만약 여법하게 부처님전에 복을 빈다면 그 소원은 이루어지게 마련이다.

이 기복이란 말의 부정적인 측면 때문에 생겨난 말이 작복이라는 표현이다. 부처님전에서 복을 짓는다는 말이다. 우리들이 지금 누리고 있는 복락은 지난 시간에 지은 업(業)의 소산이기 때문에 현재의 어려움을 타개하기 위해서 지금이라도 삼보(三寶) 전에 보시를 하여 복락의 씨앗을 뿌려야 한다는 것이다. 물론 반드시 부처님전에 보시해야만 복락의 씨앗이 되는 것은 아니다. 환자를 간호하는 일, 걸인을 돌보아 주는 일 등이 모두 복전(福田)이 된다. 단지 그 많은 복전 가운데 삼보라는 복전이 가장 수승한 복전이기 때문에 부처님전에서 복을 지으라고 말한다. 이렇게 부처님전에서 복을 지음에 의해서 현세 이익을 얻을 수 있기 때문에 불교신행과 현세 이익은 불가분의 관계에 있다고 할 수 있다.

그렇다면 반야경의 입장은 어떠한가?

교시가야, 이 반야바라밀을 받아 지니고, 가까이하고 독송하며, 다른 사람을 위하여 설하고 바르게 사유하는 선남자·선여인이 얻게 되는 공덕을 너는 일심으로 분명히 들어라.

위의 경문은 《대품반야경》 〈멸쟁품〉 제31에 설시되어 있는 한 부분인데, 이 〈멸쟁품〉 제31은 이 경문을 시작으로 해서 전품(全品)을 통해 반야바라밀에 의해서 얻을 수 있는 많은 현세 공덕을 설하고 있다. 즉 선남자·선여인이 반야바라밀을 받아 지니고, 가까이하고 독송하며, 다른 사람을 위하여 설하고 바르게 사유함에 의해서 얻게 되는 '금세의 공덕'이라는 사고방식은 반야바라밀 신행과는 뗄 수 없는 관계를 가지고 있는 것으로 나타나 있다. 여기서 말하는 '공덕'이라는 의미는 '훌륭한 덕성, 좋은 결과를 가져오게 하는 능력, 선행의 결과로써 받는 과보나 이익'이라는 의미이기 때문에 '현세 이익'이라고 바꾸어 부를 수 있다.

다시 말하면 반야경에서도 반야바라밀의 신행에 의해서 현세 이익이 주어짐을 분명히 밝히고 있다. 그러나 무슨 까닭에 현세 이익이 있느냐 하는 점에 관해서는 기복이나 작복과는 차원을 달리하여 반야바라밀을 지니고 바르게 사유하는 것이라 밝히고 있다. 이 반야바라밀을 지니고 사유함에 의해서 현세 이익이 주어진다는 반야경의 입장을 기복이나 작복이라는 말과 대비하여 가장 적확(的確)하게 표현한 것으로서 수복(修福), 즉 복을 닦는다는 말이 있다.

이 수복이라는 말은 《금강경》〈정신희유분〉제6의 "여래가 멸도한 뒤 후오백세에도 계를 지니고 복을 닦는 자(持戒修福者)가 있어서 이 말씀에 믿는 마음을 내고 이로써 실다움을 심으리라."는 경문에서 대할 수 있다. 여기서 말하는 계란 본성청정계(本性淸淨戒)를 말하는 것으로, 바로 우리들의 본성이 본래 청정하여 일체공덕을 온전히 갖추고 있음을 표현한 것이다. 비록 겉으로 보기엔 무지하고 죄 많은 박복한 범부인 것처럼 보일지 모르지만, 그 본래 성품은 온갖 공덕을 두루 갖춘 부처님의 성품과 조금도 다름이 없다는 것이다. 그 청정한 본래 성품을 수행으로 드러냄에 의해서 부처님과 다름없는 현세 이익이 주어진다는 것이다.

이제 본 《반야심경》에서는 현세 이익이 초래되는 이유를 어떻게 설하고 있는지 살펴보자. 경에는 "보살은 반야바라밀에 의지하는 까닭에 마음에 걸림이 없다."고 설시하고 있다. 즉 경에서 밝히고 있는 공덕초래의 근거는 바로 '마음에 걸림이 없음'이다. 그렇다면 마음에 걸림이 없음이란 무슨 뜻인가?

지금 우리들이 '걸림이 없음'이라고 번역하고 있는 '가애(罣碍)'의 산스크리트 어는 '아-바라나(ā-varaṇa)'인데, 이 말은 '덮는 것' 혹은 '장애'의 의미를 가지고 있다. 따라서 '마음에 걸림이 없다'란 마음을 덮어서 진실된 지혜의 작용을 방해하는 것이 없다는 것이다. 그러면 무엇이 마음을 덮어서 진실된 지혜의 작용을 방해하는가? 그것은 마음을 덮는 미망성(迷妄性)이다. 우리들의 본성이 본래 청정하여 일체 공덕을 온전히 갖추고 있음을 모르는 착각적 의식이다. 이 착각적 의식에서 선악·생사·집착·대립 등의 온갖 번뇌가 생긴다. 그리고 이러한 온갖 번뇌가 우리들의 삶에 고통을 가져온다.

그러나 반야바라밀의 갑주(甲胄)를 입은 보살에게는 이러한 번뇌가 없다. 반야바라밀은 실로 무엇으로 덮거나 가릴 수 있는 것이 아니기 때문이다. 원래 덮는다는 것은 덮는 자와 덮이는 자가 있을 때 가능하다. 그렇지만 반야바라밀은 덮고 덮이는 이전의 자리다. 그것은 이미 있다 없다는 이전의 소식이다. 무엇이 덮여 있다가 걷히는 것도 아니고 구속되었다가 해방되는 것도 아니며, 속박과 부자유에서 해탈되는 것도 아니고 번뇌로 있다가 깨달음을 이루는 것도 아니다.

오직 반야바라밀 거기에는 부처님의 무량공덕만이 넘치고 있을 뿐이다. 무장애, 일체 성취가 있을 뿐이다. 보살이 이렇게 반야바라밀이 되어 일찍이 덮인 바 없는 본래 면목을 보는 것이 반야안(般若眼)이고, 이를 일러 깨달음이라 부른다. 보살은 바로 이 자신의 생명이 반야바라밀 생명임을 깨달아 대자유를 얻는 것이다.

【 날마다 좋은 날 】

지금까지 여러 차례 설명한 것처럼 불교에서는 일체 중생들의 생존 자체가 괴로움이라고 정의하고 있다. 그 괴로움의 원인에 관해서는 여러 가지 분석이 있을 수 있겠지만, 부처님께서는 어린 시절에 이미 생존경쟁과 약육강식 속에 존재하는 일체 중생의 생존의 본질이 괴로움 그 자체임을 깨닫고, 거기에 놓여 있으면서도 벗어나기를 구하지 않는 것을 가엾이 여기고 있다.

그런데 인간은 다른 중생들과는 달리 생존에서 필연적으로 있게 마련인 그 괴로움으로 인하여 불행을 느끼게 된다. 가령 농부가 소에 보습을 매어 논밭에서 일을 할 때, 다 같이 숨을 헐떡이는 괴로움을 겪지만 소는 불행을 느끼지 못한다. 단지 농부만이 다른 사람의 삶과 비교하면서 불행을 느낄 따름이다. 그리고 이러한 고통은 현재에만 국한된 것이 아니라 언제 어느 곳에서 닥쳐올지 알 수 없기 때문에 우리들을 불안과 두려움에 떨게 한다.

그렇다면 그 괴로움에 의한 불행의식과 두려움은 어디에서 오는 것이며, 어떻게 거기에서 벗어나 날마다 좋은 날로 살 수 있을까? 경에서는 "마음에 걸림이 없는 까닭에 공포가 없다."고 설한다. 그렇다. 경에서 말하는 공포심이야말로 인간 삶을 괴로움으로 몰아넣는 바탕이다. 그러나 공포심이라 해도 거기에는 여러 가지 종류가 있다. 그래서 《대품반야경》〈삼탄품〉 제30에서는 다음과 같이 설하고 있다.

모든 선남자 · 선여인이 이 반야바라밀을 듣고 받아 지니며, 가까이하고 독송하며 바르게 사유하여 일체지의 마음을 여의지 않으면, 이 모든 선남자 · 선여인은 혼자서 빈집에 있거나 혹은 무서운 황야를 가거나 혹은 많은 사람이 있는 곳에 있게 되어도 마침내 두려워하거나 겁내지 않는다.

우리들이 혼자 있을 때는 외로움과 고독이 엄습하는 두려움이 있다. 그리고 무서운 황야란 맹수가 있는 곳이다. 또한 거기에는 강도와 도둑이 재물과 목숨을 노리고 있다. 현대적으로 말하면 자동차를 비롯한 온갖 흉기들이 주변에 가득하다는 말이다. 여러 사람이 있는 곳이란 온갖 질병이 틈을 노리고, 경쟁자가 도처에 널려 있는 것을 말한다. 이렇게 보면 삶이란 바로 공포의 연속이다. 이러한 공포의 연속 속에 처해 있는 인간으로서는 당연히 그 두려움에서 벗어나기를 원하기 마련이다. 그리고 이 공포에서 벗어났을 때 비로소 우리들은 삶을 영위해 나가는 과정에서 취하고자 하는 행복을 자기 것으로 할 수가 있다. 부처님께서는 경전의 도처에서 그 해결법을 말씀하신다.

그런데 우리들이 행복을 얻는 데는 물질적인 풍요와 정신적인 안

녕이라는 두 가지가 원만히 되었을 때 가능한 것이지, 이 두 가지 가운데 하나라도 충족되지 않을 때는 불안과 두려움이 있게 된다. 즉 우리들이 공포심을 없애고 행복을 얻기 위해서는 눈앞에 바로 보이는 소위 물질적 · 유형적인 것과 일상생활 가운데서 느껴지는 소위 정신적 · 무형적인 것의 두 가지가 충족되어야 한다. 그렇다면 반야경에서는 이 점에 관하여 어떻게 설하고 있는가? 이제《대품반야경》에 나타나 있는 몇 가지 유형 중 먼저 정신적 · 무형적인 것을 살펴보자

만약 선남자 · 선여인이 이 반야바라밀을 듣고서 받아 지니고, 가까이 하고 독송하며, 다른 사람을 위하여 설하고 바르게 사유하면, 가령 가지 가지로 투쟁을 일으켜 파괴하려고 찾아온 사람이 있다 해도 반야바라밀의 위력에 의해서 그 나쁜 마음은 바로 소멸되고, 그 사람은 오히려 착한 마음을 내어서 공덕을 더하게 된다.

—〈멸쟁품〉 제31

혹은 관서(官署)의 일〔官事〕이 벌어짐이 있더라도, 이 선남자 · 선여인은 이 반야바라밀을 독송하는 까닭에 관서에 도착해도 꾸짖고 나무라는 사람이 없다. 왜냐하면 이 반야바라밀은 위력이 있기 때문이다. 혹은 선남자 · 선여인이 이 반야바라밀을 독송하고 왕의 처소나 태자 · 대신의 처소에 이르면, 왕이나 태자 · 대신은 모두가 환희심으로 심문하고 부드러운 말로 함께 말한다.

—〈권지품〉 제34

다음으로 물질적 · 유형적인 것을 살펴보자.

선남자 · 선여인이 이 깊은 반야바라밀을 듣고서 받아 지니며, 가까이
하여 독송하고, 바르게 사유하여 일체지의 마음을 여의지 않으면 독약 냄
새를 맡게 해도, 혹은 사악한 요술을 사용해도, 혹은 불구덩이에 떨어뜨
려도, 혹은 깊은 물속에 빠뜨려도, 혹은 칼로 죽이려고 해도, 혹은 독약
을 먹어도 이와 같은 온갖 나쁜 것들이 다치게 할 수 없다.

—〈대평품〉 제32

만약 어떤 선남자 · 선여인이 반야바라밀을 받아 지니고 내지 바르게
사유하면 자신의 실수로 독약을 먹고 죽는 일도 없고, 칼에도 다치지 않
으며, 물이나 불의 위험에 떨어지지도 않고, 내지 온갖 질병(四百四病)도
침범할 수가 없다.

—〈권지품〉 제34

만약 선남자 · 선여인이 이 반야바라밀을 받아 지니며, 가까이하고 바
르게 사유하면 내내 눈이 병들지 않고, 귀 · 코 · 혀 · 신체도 또한 내내
병들지 않습니다. 몸을 다쳐 불구가 되지 않고, 쇠약하게 늙지도 않으며,
결코 횡사(橫死)를 당하지 않습니다.

—〈무작품〉 제43

위의 경문들은 모두가 반야바라밀을 신행함으로써 얻어지는 현세

이익을 설한 부분이다. 반야바라밀에 의해서 현세의 갖가지 이익이 충족되기 때문에 삶에 공포가 있을 수 없다. 그렇다면 무슨 까닭에 반야바라밀에 의해서 현세 이익이 초래되어 공포가 없어지는가? 경에서는 그 이유를 "마음에 걸림이 없기 때문이다."고 설하고 있다. 무엇이 마음에 걸림이 없다는 것인가? 이에 대하여는 이미 말하였다. 그것은 반야바라밀에 의하여 우리들의 본성이 본래 장애가 없고 덮임이 없음을 확인하여 본래 청정심이 되는 것이다. 이것이야말로 공포에서 벗어나 날마다 좋은 날로 사는 방법이다.

여기에는 두 가지 방법이 있다. 첫째는 우리들의 본성이 본래 청정함을 깨닫는 것이다. 이것은 우리들의 본성이 본래 공임을 깨달아 그릇된 자아의식의 집착에서 벗어나는 것이다. 사실 우리들이 가지게 되는 죽음이나 병고, 늙음에 대한 공포는 고정 불변하는 자아가 있다는 생각에서 출발한다. 그러나 공의 입장에서 보면 어디에도 고정 불변하는 자아는 없다. 나라는 것이 없는데 어떻게 나와 연관되는 고통이 있고, 거기서 파생되는 공포가 있을 수 있겠는가? 있는 것이란 부처님의 생명뿐이다. 부처님의 생명인 공덕만이 넘치고 있다. 여기에서 반야바라밀의 온갖 공덕이 현전한다. 그러나 이것은 앎에서 되는 것도 아니고, 사유와 연구로 도달되는 경계도 아니다. 오직 자신의 본성이 본래 반야바라밀임을 깨달음에 의해서 가능한 것이다.

두 번째는 자신의 생명이 반야바라밀임을 믿어 마음에서 소극적인 관념을 없애는 것이다. 이것은 마음에서 어둠·한계·고통 등 일체의 비본성적 상념을 몰아내고 반대로 본래의 생명인 긍정과 안녕, 지혜와 자비의 대조화심을 충만케 하는 것이다. 마음에서 번뇌로 인한 어둠을 몰아내기 위해서 애쓰는 것이 아니라 공덕의 광명을 먼저 밝히는 것이다. 우리들은 천만 년의 어둠도 성냥불 하나면 일시에 밝음으로 변하는 것을 볼 수 있다. 이와 마찬가지로 자신의 생명이 부처님의 생명과 동일하다는 광명의 횃불을 들고 있는 한 어둠은 사라지고 다시는 찾아들지 못한다. 부정적이며 소극적인 암흑이 부지하지 못하게 되어 불안 공포는 자취가 없게 된다. 거기에는 오직 날마다 좋은 날이 있을 뿐이다.

【 올바른 견해, 참된 삶 】

중생의 세계는 여러 갈래가 있다. 인간계가 있는가 하면 축생계도 있고 아수라의 세계도 있다. 소위 여섯 갈래의 중생계가 그것이다. 그리고 이들 각각의 세계에 사는 중생들은 저마다 다른 생각과 방법으로 살아간다. 이러한 중생계의 다양한 모습은 인간계 속에서도 역시 여섯 부류로 나눌 수가 있다. 모습은 인간이지만 생각이나 행동, 혹은 삶 자체가 축생과 다름없는 사람이 있는가 하면, 아귀를 그대로 닮은 삶을 사는 사람도 있다.

따라서 아무리 유형·무형의 현세 이익이 충만된 삶을 산다 해도 그 사유방법이나 행위가 짐승을 닮아 있다면 인간으로서의 참된 삶을 산다고 할 수 없는 것이다. 그는 모습만 인간이지 짐승으로 사는 것이 되고 만다. 여기에서 소위 가치관이란 것이 생겨난다. 우리들이 인간으로서 인간답게 살아가는 가치를 어디에 두고 행복을 추구할 것인가 하는 문제다. 바로 이러한 질문에 답하여 경에서는 "마음에 걸림이 없는 까닭에 뒤바뀐 허망한 생각을 멀리 떠난다."라고 설하고 있다.

무엇이 '뒤바뀐 허망한 생각'인가? 한문 경의 표현으로는 전도몽상(顚倒蒙想)이다. 여기서 말하는 전도란 사물을 거꾸로 본다는 뜻이기 때문에 잘못된 사고이고, 몽상은 꿈같은 생각인 까닭에 미래에 대해서 근거 없는 생각이나 기대를 품는 것이다. 두 말 모두가 올바른 견해가 아닌 잘못된 소견을 말한다. 이를 삿된 견해〔邪見〕라 하고, 이 삿된 견해에 의한 판단이 전도견(顚倒見)이고 허망한 생각이다. 그리고 전도견은 현실과의 사이에 모순과 갈등을 유발하고 고뇌의 원인이 된다. 허망한 생각은 현실이 아닌 기대이기 때문에 우리들에게 실망과 좌절을 주게 된다.

그렇다면 우리들은 어떤 뒤바뀐 허망한 생각을 가지고 있는가? 《대지도론》권 제31에는 "세간에는 네 가지 뒤바뀜〔四顚倒〕이 있다."고 해서 이렇게 말하고 있다.

깨끗하지 않은 것〔不淨〕 가운데서 깨끗하다〔淨〕 하는 뒤바뀜이 있고, 괴로운 것〔苦〕 가운데서 즐겁다〔樂〕 하는 뒤바뀜이 있으며, 항상함이 없는 것〔無常〕 가운데서 항상함이 있다〔常〕 하는 뒤바뀜이 있고, '나'라는 것이 없는 것〔無我〕 가운데서 '나'라는 것이 있다〔我〕 하는 뒤바뀜이 있다.

이 네 가지를 유위(有爲)의 네 가지 뒤바뀜이라 하는데, 이는 범부들이 미혹된 세계의 참모습을 모르기 때문에 그릇되게 집착하는 것이다. 그렇다고 뒤바뀐 허망한 생각은 미혹한 범부에게만 국한된 것은 아니다. 무위(無爲)의 네 가지 뒤바뀜이라 해서 성문이나 연각이 갖는 뒤바뀐 생각이 있다. 이들은 유위의 네 가지 뒤바뀜에 대하여는 명백한 견해를 가지고 있지만, 깨달음의 경계에 대한 잘못된 견해를 가지고 거기에 집착한다. 즉 열반의 세계는 영원하며 즐거움이며 열반 자체로 존재하며 청정한 줄을 모르고 반대의 견해를 갖는 것이다. 허무에 빠져 열반까지를 포함한 일체가 덧없고 고통이며 '나'가 없고 부정하다는 뒤바뀐 허망한 생각을 가지고 집착한다.

이 두 종류의 네 가지 뒤바뀐 허망한 생각을 멀리 여의었을 때 비로소 우리들에게 참된 삶이 보장된다. 만약 미혹함 속에서 눈앞에 전개되는 현상계에만 모든 가치를 부여하고 삶을 영위할 때는 인간의 참된 가치를 상실하게 된다. 거기에는 금수(禽獸)가 누리는 편안함을 참된 행복이라고 생각할 수도 있게 된다. 반대로 덧없고 고통이며 '나'가 없고 부정함이 실상의 진리라면 우리는 영원히 비관과 절망에 빠질 수밖에 없고, 따라서 생의 긍정과 존립의 기초를 상실한다. 여기서는 오직 염세주의의 어둠만이 있을 뿐이다. 우리들이 반야바라밀에 머물 때 비로소 실상을 바르게 관찰해서 올바른 행동을 하고 참된 삶을 살수가 있게 된다.

【 열반, 그 청량하고 안온한 경지 】
인생이란 행복을 찾아 나선 나그네 길인지 모른다. 무엇이 행복인지는 모르지만 행복 그 자체를 추구하며 끝없이 노력한다. 그런 나그네 길에서 우리들은 불교를 만났고, 불교를 통해서 행복을 얻으려고 한다. 그리고 우리들은 불교를 믿지 않는 사람들로부터 가끔 "무엇 때문에 불교를 믿습니까?"라는 질문을 받기도 한다. 이 질문에는 다분히 '불교에서 생각하는 궁극의 행복은 어떤 것인가?' 하는 의미가 내포되어 있다.

그렇다면 불교에서 말하는 최고의 행복은 무엇인가? 바로 이 점을 《반야심경》은 "마침내 열반을 얻는다."라고 설하고 있다. 반야바라밀에 의지함으로써 현상적인 이익을 얻고 참된 삶을 살 뿐만 아니라 마침내는 우리들이 추구하는 최고의 행복 상태인 열반을 달성한다는 것이다. 무슨 근거로 열반을 최고의 행복 상태라 말하는가.

열반이란 말은 산스크리트 어 '니르바나(nirvāṇa)'의 음역으로 원래의 의미는 '불어 끈다'는 것이다. 그래서 멸도(滅度)·적멸(寂滅)·원적(圓寂)이라 번역하기도 한다. 이 열반에는 두 가지 입장이 있다.

첫째는 소승의 소극적인 입장으로 번뇌가 소멸한 상태를 말한다. 《상응부경전》 38.1에는 "무릇 탐욕의 소멸, 노여움의 소멸, 어리석음의 소멸, 이것을 일컬어 열반이라 한다."고 설하고 있다. 이 번뇌의 소멸적 입장에서 부파불교는 다시 이를 유여의(有餘依)열반과 무여의(無餘依)열반으로 구분한다. 유여의열반은 번뇌는 끊었지만 육체가 아직 남아 있다는 의미이고, 무여의열반은 모든 것이 없어져 무로 돌아간 회신멸지(灰身滅智)의 경우를 가리킨다.

두 번째는 대승의 적극적인 견해로 열반에는 상(常)·낙(樂)·아

(我) · 정(淨)의 네 가지 덕성(四德)이 갖추어져 있다는 것이다. 또한 남본《열반경》권3에는 상(常) · 항(恒) · 안(安) · 청정(淸淨) · 불노(不老) · 불사(不死) · 무구(無垢) · 쾌락(快樂)의 8미(八味)가 열반에 구비되어 있다고 한다.

이외에도 열반과 그 덕미(德味)는 닦아서 더해지거나 얻어지는 것이 아니라 자성 본래가 이런 것이므로 본래자성청정(本來自性淸淨)열반이라 하기도 한다. 또한 열반에도 머무르지 않고 생사에도 머무르지 않는다는 의미로 무주처(無住處)열반을 말하기도 한다. 이는 반야에 의하여 일체의 미혹을 벗어났으므로 생사에 머무르지 않고, 본연대비심을 일으켜 중생 속에 들어가 중생을 구제하기 때문에 열반에도 머무르지 않는다는 것이다. 열반이 불교도의 궁극적인 실천 목표가 되는 것은 바로 이를 두고 한 말이다.

이렇게 열반이란 중생들이 궁극적으로 되돌아가야만 할 청량하고 안온한 경지다. 여기에서 생의 목표가 달성된다. 바로 이 점을《대길상경(大吉祥經)》이라는 경전에서 다음과 같이 분명히 설하고 있다.

능히 스스로를 제어하고 청정한 행을 닦아 네 가지 성스러운 진리를 깨닫고, 마침내 열반을 실현할 수 있다면 그것보다 더한 인간의 행복은 없다.

그때 사람은 생사(生死)로 인하여 마음을 동요하지 않고, 세상의 헐뜯음과 칭송 · 칭찬과 경멸로 인하여 마음이 우울해지지도 않으며, 근심도 없고 성냄도 없어서 단지 더 없는 안온 속에 있을 수가 있을 것이다. 인간의 행복은 이것보다 더한 것이 없다.

부처님께서는 인간이 추구하는 진정한 행복이란 다름 아닌 열반을 실현하는 것임을 말씀하고 있다. 열반의 실현을 통해서 행복을 찾아 나선 나그네 길은 비로소 끝이 난다는 것이다. 그리고 반야행자는 반야바라밀을 통해서 이 일을 성취하는 것이다.

(4) 반야바라밀은 부처님의 어머니

◉

三世諸佛 依般若波羅密多 故得阿耨多羅三藐三菩提

삼세의 모든 부처님도 반야바라밀에 의지함으로써 아뇩다라 삼먁삼보리를 얻는다.

〔 과거 · 현재 · 미래의 부처님 〕

경에는 "삼세의 모든 부처님도 반야바라밀에 의지함으로써 아뇩다라삼먁삼보리를 얻는다."고 하였다. 이것은 대승불교의 부처에 대한 개념을 보여주는 중요한 대목이다. 대승불교에서는 신앙 대상으로서의 부처님을 석가모니불에 한하지는 않는다. 수많은 불보살님이 신앙의 대상이 된다. 그 한량없는 불보살님은 어떻게 계시는가?

경에서는 부처님이 삼세에 걸쳐서 계신다고 했다. 여기서 말하는 삼세란 과거 · 현재 · 미래로 이는 영원한 시간의 흐름이다. 그런데 시간이란 것은 시간 그 자체로만 있는 것이 아니다. 거기에는 시간이 흘러가는 공간이 있다. 이 공간을 불교에서는 시방(十方)이라 부른다. 열 가지 방향이라는 말로 동·서·남·북의 4방과 4간방 및 상·하의 2방을 합한 것이다. 이 영원한 시간과 끝없는 공간 안에 무수한 부처님이 과거에 계셨고, 지금 계시며, 미래에도 계실 것이라고 했다. 이것이 삼세의 모든 부처님이다.

그렇다면 이 삼세의 모든 부처님은 누구인가? 우리들이 지금 '부처님'이라고 부르는 말은 한자 '불(佛)'을 우리말화한 것이고, 불(佛)은 산스크리트 어 '붓다(Buddha, 佛陀)'를 줄여서 한자로 음역한 것이다. 그리고 붓다란 말은 '깨달음[覺]·깨닫는 것·깨달은 사람[覺者]'이라는 의미를 가지고 있다. 따라서 시방삼세의 모든 부처님은 구체적으로 누구누구를 두고 한 말은 결코 아니다. 누구라도 깨닫기만 하면 부처님이 된다. 바로 일체의 구도자, 일체 중생이 아뇩다라삼먁삼보리를 이룰 때 부처님이 된다는 뜻이다. 물론 경전에는 많은 부처님의 명호가 나온다. 그 대표적인 명호로 과거불로서는 아촉불이 있고, 현재 우리들의 본사이신 석가모니불이 있으며, 미래불로서는 미륵불이 있다. 그렇지만 이들 부처님께서도 부처를 이루기 전에는 중생으로서의 구도자였을 뿐이다.

그렇다고 해서 이 삼세의 모든 부처님이 별개의 몸을 가졌다는 말은 아니다. 명호는 각각 다르지만 본래의 몸은 하나다. 여기에서 등장하는 것이 법신(法身)·보신(報身)·화신(化身)의 삼신불(三身佛)이다.

먼저 법신이란 영원불멸한 만유의 본체를 몸으로 하고 있는 부처님이다. 즉 진리 그 자체를 몸으로 하고 있는 것, 내지는 영원한 법으로서의 부처님이 바로 법신불이다. 따라서 우리들의 불교 신행은 이 법신불에 기초를 두어야 한다.

두 번째의 보신은 진리 그 자체인 법신이 형태를 취하여 나타난 몸이다. 즉 과거 한량없는 시간에 걸쳐 어려운 수행을 쌓고, 그 결과 모든 것이 진리와 하나가 되어 무궁무진한 공덕이 갖추어져 나타난 부처님이다. 그 예를 48원(願)을 성취하여 극락세계를 이룩한 아미타불에서 볼 수가 있다.

세 번째의 화신은 응신(應身)이라고도 하는데, 보신불을 친견하지 못한 중생을 제도하기 위하여 특정한 시간과 장소에서 여러 가지 형상으로 변화하여 출현하는 부처님을 말한다. 우리들은 그 예를 석가모니불에서 찾을 수 있다. 우리들을 제도하기 위하여 방편으로 우리들과 같은 몸을 나타내어 생사를 보이면서 진리를 일깨워주셨다.

이 세 가지 관계는 곧잘 달과 달빛 그리고 그림자로 비유되곤 한다. 즉 법신이 진여실상 상주불변인 것을 달에 비유하고, 보신의 온갖 공덕이 법신에서 생겨 일체를 두루 비추는 것을 달빛에 비유하며, 화신은 인연에 따라 여러 가지 모습으로 나타나는 부처님 몸이기 때문에 달그림자가 물에 비치는 것에 비유한 것이다.

【 불모(佛母)로서의 반야바라밀 】

시간적으로는 과거·현재·미래에 걸쳐서, 그리고 공간적으로는 열 가지 방향에서 수많은 부처님이 계셨고 또한 계실 것이다. 그런데 이 한량없는 모든 부처님은 무엇을 닦아서 부처를 이루었는가? 경에서는 "반야바라밀다에 의지함으로써"라고 설시하고 있다. 바로 반야바라밀을 닦아서 부처님이 되었다는 말이다. 이것이 반야바라밀에 관해서는 빠뜨릴 수 없는 '불모(佛母)'의 사상이다.

사실 우리들은 '불교를 믿는다'고 할 때 그 귀의처로서 불보(佛寶)·법보(法寶)·승보(僧寶)라는 삼보를 든다. 그러나 반야경에서는 이러한 일반적인 관념을 초월한 신행사상이 나타나 있다. 이미 위에서 밝힌 것처럼 반야바라밀이라는 어휘는 자의(字義)만을 생각할 때는 해석이 가능한 하나의 단어에 불과하다. 그런데도 반야경은 이 반야바라밀이라는 어휘에 숭배 대상으로서의 의미를 부여해서 반야바라밀을 완전히 인격화(人格化)하고 있다.

반야바라밀은 모든 부처님의 어머니이다. 반야바라밀은 능히 세간의 모습을 보여준다. 이러한 까닭에 부처님은 이 법에 의지하여 행하고, 이 법을 공양·공경·존중·찬탄하신다. 무엇을 이 법이라고 하는가? 소위 반야바라밀이다. 모든 부처님은 반야바라밀에 의지하여 머물고, 이 반야바라밀을 공양·공경·존중·찬탄하신다. 왜냐하면 이 반야바라밀은 모든 부처님을 출생시키기 때문이다.

─《대품반야경》〈문상품〉 제49

반야바라밀은 일체 불·보살의 어머니다. 그래서 부처님도 어머니인 반야바라밀을 공양하고 공경한다. 어머니인 까닭에 반야바라밀은 인격체로써 신앙의 대상이 되어 우리들의 귀의처가 된다. 즉 '나무 반야바라밀'이 된다. 그리고 반야바라밀은 '불·보살의 어머니'이기 때문에 이것은 또한 일체의 불·보살을 낳아서 키우는 생모(生母)이자 양모(養母)가 되어 중생이 반야바라밀을 받아 지니고 보살행에 노력하면 멀지 않아 그들을 보살로, 나아가서는 부처님으로 다시 태어나게 하는 것이다. 《대품반야경》〈불모품〉 제48에서는 다시 이렇게 설시하고 있다.

부처님은 항상 부처님 눈(佛眼)으로써 이 깊은 반야바라밀을 보신다. 왜냐하면 이 깊은 반야바라밀이 능히 세간의 모습을 보여 주기 때문이다. 시방에 계시는 현재의 모든 부처님도 또한 부처님 눈으로써 항상 이 깊은 반야바라밀을 보신다. 왜냐하면 이 깊은 반야바라밀이 능히 모든 부처님을 탄생시키고, 능히 모든 부처님에게 일체종지(一切種智)를 주며, 능히 세간의 모습을 보여주기 때문이다.

이러한 까닭에 모든 부처님은 항상 부처님 눈으로써 이 깊은 반야바라밀을 보시는 것이다. 그리고 반야바라밀에 의하여 능히 선정바라밀 내지 보시바라밀이 생기고, 여덟 가지 바른 깨달음에 이르는 길(八聖道分)이 생기며, 능히 부처님의 열 가지 지혜의 힘(十力) 내지 일체종지가 생기는 것이다. 이와 같이 반야바라밀은 능히 수다원·사다함·아나함·아라한·벽지불·모든 부처님을 탄생시키는 것이다.

수보리야, 지금 계시는 모든 부처님이 이미 아뇩다라삼먁삼보리를 얻었고, 지금 얻고 있으며, 마땅히 얻음은 모두가 깊은 반야바라밀의 인연에 의하여 얻은 것이라고 마땅히 알아야 한다.

실로 반야바라밀이 부처님의 어머니이기 때문에 부처님의 지혜인 일체종지를 모든 부처님에게 주어서 부처님을 부처님이게 하는 것이다. 뿐만 아니라 일체의 불법(佛法)은 반야바라밀에 의해서 생기고, 모든 성현은 반야바라밀로 말미암아 탄생된다.

이렇게 반야바라밀이 일체의 불·보살을 비롯한 모든 성현과 중생의 어머니이기 때문에 이들은 그들의 어머니인 반야바라밀의 건강과 안녕과 번영을 항상 염원하고 간절히 바라는 것이다. 〈불모품〉 제48에서는 이 점을 다음과 같이 설시하고 있다.

비유컨대 어머니에게 자식이 있음과 같다. 다섯 명·열 명·스무 명·서른 명·마흔 명·쉰 명·백 명 혹은 천 명의 자식들은 어머니가 병이 들면 모든 자식들은 각자가 힘써 치료법을 구하며 이렇게 생각한다.

'우리들은 어떻게 하든 어머니를 편안하게 하고, 병고(病苦)로 즐겁지 않은 모든 일들이 없도록 해야 한다. 모질고 찬바람과 뜨거운 열기·모기·등에·뱀·살모사가 어머니 몸을 침범한다. 이것이 우리들의 걱정거리다.'

자식들은 언제나 안락한 도구를 구하여 어머니를 공양한다. 왜냐하면 우리들을 낳아서 길러주고, 우리들에게 세상을 보여 주었기 때문이다.

병에 걸린 어머니의 고통과 장애를 없애고, 병을 낫게 해서 장수를 누리게 하려고 수많은 자식들이 일심정성으로 노력하는 것은 인지상정이다. 왜냐하면 어머니가 자신들을 낳아주었고 숱한 고통을 참아가며 생명을 있게 했으며, 이 세계를 보여주었기 때문이다. 마찬가지로 반야바라밀이 부처님의 어머니이기 때문에 반야바라밀의 건강과 번영을 언제나 염원하고 외부의 침입으로부터 반야바라밀을 지켜야 하는 불자의 의무가 있어야 하는 것이다.

여기에서 일체 모든 부처님의 정법인 반야바라밀을 널리 펴는 활동이 시작된다. 반야바라밀의 서사 · 연구 · 독송 · 기억을 종용하고, 이 경에 관하여 사색과 설법을 행하는 일을 장려하는 것이 영원히 계속되는 것이다. 부처님이 반야바라밀에 정성을 기울이고 수호하여 반야바라밀이 오랫동안 존속할 수 있도록 하는 것은 중생을 위한 자비심이다. 여기에서 우리들에게 책임이 부과된다. 반야바라밀 법문이 그리고 그 법문을 배우는 이들이 나쁜 무리들의 장해를 받지 않도록, 즉 반야바라밀이 정법이 영원히 중생을 이롭게 하도록 하기 위해서 불자들은 반야바라밀의 가르침을 펴야 하는 것이다.

【 지도원리로서의 반야바라밀 】

앞에서 이미 밝힌 것처럼 반야바라밀은 교리상 육바라밀의 한 덕목이지만, 반야경에서는 반야바라밀을 육바라밀의 한 덕목인 지혜바라밀과는 그 차원을 달리하여, 반야바라밀이 육바라밀을 포섭하는 것으로 설하고 있다. 즉 반야부(般若部)의 모든 경전은 반야바라밀로 하여금 다른 다섯 가지 바라밀을 인도하는 안내자 · 지도자로 표현하여 지도원리(指導原理)라고 간주하고 있다. 《대품반야경》〈조명품〉 제40은 다음과 같이 설하고 있다.

교시가여, 보살마하살의 반야바라밀이 보시바라밀·지계바라밀·인욕바라밀·정진바라밀·선정바라밀보다 수승한 것은, 비유컨대 태어나면서 눈 먼 사람은 가령 백명·천명·수백 천명이 있다고 해도 앞에서 인도하는 사람이 없으면 능히 길을 나서서 성(城)에 들어갈 수 없는 것과 같습니다.

교시가여, 다섯 가지 바라밀[五波羅蜜]도 이와 같아서 반야바라밀을 여의면, 맹인이 안내 없이 길을 나설 수 없는 것처럼 일체지(一切智)를 얻을 수 없는 것입니다. 교시가여, 만약 다섯 가지 바라밀이 반야바라밀이라는 인도자를 얻으면, 이때 다섯 가지 바라밀을 이름하여 눈이 있다[有眼]라고 합니다. 반야바라밀이라는 인도자가 바라밀(波羅蜜)의 이름을 얻게 하는 것입니다.

반야바라밀이 없으면 다른 모든 바라밀은 어느 곳으로 자기가 향하여 나아가는 것인지, 혹은 무엇 때문에 자신이 존재하는지를 모른다. 따라서 다섯 가지 바라밀은 반야바라밀의 인도가 없으면, 마치 황야에 있는 맹인의 무리와 같아서 길을 잃고 실재로 가고자 하는 장소에 들어갈 수가 없다. 왜냐하면 그들에게는 눈이 없기 때문이다. 눈이 없기 때문에 일체지(一切智)를 인식할 수도 없고, 눈이라는 인도자가 없는 까닭에 그들의 온갖 노력도 무위로 되고 만다. 다시 말하면 다섯 가지 바라밀인 보시·지계·인욕·정진·선정이 바라밀(波羅蜜)이라는 이름을 가질 수 있는 것은 그들의 눈인 반야바라밀이 있기 때문이다. 《대품반야경》〈법칭품〉 제37에서는 이렇게 설시하고 있다.

　보살마하살이 보시를 행할 때에 반야바라밀은 현명한 인도자〔明導〕가 되어서, 능히 보시바라밀을 원만히 갖추게 한다. 보살마하살이 지계를 행할 때에 반야바라밀은 현명한 인도자가 되어서 능히 지계바라밀을 원만히 갖추게 한다. 보살마하살이 인욕을 행할 때에 반야바라밀은 현명한 인도자가 되어서 능히 인욕바라밀을 원만히 갖추게 한다. 보살마하살이 정진을 행할 때에 반야바라밀은 현명한 인도자가 되어서 능히 정진바라밀을 원만히 갖추게 한다. 보살마하살이 선정을 행할 때에 반야바라밀은 현명한 인도자가 되어서 능히 선정바라밀을 원만히 갖추게 한다. 보살마하살이 모든 법을 관할 때에 반야바라밀은 현명한 인도자 되어서 능히 보살마하살이 지계를 행할 때에 반야바라밀은 현명한 인도자가 되어서 능히 반야바라밀을 원만히 갖추게 한다.

　보살이 보시를 행할 때에 반야바라밀이 현명한 인도자〔明導〕가 되어서 능히 보시바라밀을 원만히 갖추게 하고, 나아가 모든 법을 관할 때에 반야바라밀이 현명한 인도자가 되어서 능히 반야바라밀을 원만히 갖추게 한다. 이러한 까닭에 반야경은 반야바라밀을 단순한 인도자로만 부르지 않는다. 위의 〈법칭품〉 제37에서는 '현명한 인도자〔明導〕'라고 칭했지만, 〈존도품〉 제36에서는 '존귀한 인도자〔尊導〕'라고 부르고 있다.

비유컨대 대지에 씨앗을 뿌림에 인연의 화합이 맞으면 바로 싹이 트고, 이 온갖 씨앗은 땅을 의지하여 자라는 것과 같다. 이와 같이 아난아, 다섯 가지 바라밀은 반야바라밀에 의지해서 생기게 되고, 네 가지 관찰법〔四念處〕 내지 일체종지도 반야바라밀에 의지해서 생기게 되는 것이다. 이러한 까닭에 아난아, 반야바라밀은 다섯 가지 바라밀 내지 열여덟 가지 부처님만이 갖는 특성의 존귀한 인도자인 것이다.

반야바라밀은 온갖 초목의 성장을 가능하게 하는 대지(大地)와 같은 것이다. 종자가 생장하기 위해서는 다른 온갖 조건이 갖추어졌다고 해도 대지가 없으면 결코 생장할 수가 없을 것이다. 반야바라밀도 꼭 이와 같아서 반야바라밀이 없으면 다른 모든 바라밀은 그 능력을 상실하게 되고, 거기에는 생명이 없어진다. 따라서 반야바라밀이 없으면 다른 바라밀 및 제법(諸法)은 생명을 얻을 수 없고 존재할 수가 없기 때문에 반야바라밀을 존귀한 인도자〔尊導〕라고 칭하는 것이다.

반야바라밀은 불교 신행의 전체를 확실하게 바라보고, 보살의 발걸음이 어느 곳으로 또한 어떻게 인도되어야 하는지를 보여주는 눈이다. 따라서 반야바라밀은 우리들이 존중해야 할 큰 광명이다. 그것은 세간 일체의 오염의 힘으로부터 벗어나서 존재한다. 그것은 이 세계의 온갖 암흑을 타파해서 일체 중생들에게 평화와 안위를 준다. 눈이 먼 사람에게는 광명을 주어서 무명의 어두운 밤을 편안하게 갈 수 있도록 해준다.

【 아뇩다라삼먁삼보리 】

석가모니 부처님께서 성도(成道)하신 곳은 우루빈라(優樓頻螺, Uruvilvā)의 나이란자나(Nairañjanā: 尼連禪) 강가에 있는 보리수(菩提樹) 아래였는데, 《방광대장엄경》 제9권에서는 그때의 깨달음에 대하여 이렇게 기술하고 있다.

　　보살은 후야(後夜)에 이르러 명성(明星)이 반짝일 때에 불(佛)ㆍ세존(世尊)ㆍ조어장부(調御丈夫)의 성스러운 지(智)와 알 바ㆍ얻을 바ㆍ깨달을 바ㆍ볼 바ㆍ증득할 바의 일체에 일념으로 상응하는 혜(慧)로써 아뇩다라삼먁삼보리를 증득하여 등정각(等正覺)을 이루고 삼명(三明)이 구족하게 되었다.

고타마 싯다르타 태자는 아뇩다라삼먁삼보리를 얻어서 부처님이 되신 것이다. 그리고 이 아뇩다라삼먁삼보리의 증득에 의한 성불은 결코 석가모니 부처님에게만 한정되는 것은 아니다. 《반야심경》에서 "삼세의 모든 부처님은 다름이 아닌 부처님의 어머니인 반야바라밀을 의자하여 아뇩다라삼먁삼보리를 얻음으로써 부처님이 되었다."고 설하고 있는 것처럼 과거ㆍ현재ㆍ미래의 모든 부처님은 기실 이 아뇩다라삼먁삼보리를 얻어서 부처님이 되는 것이다.

그런데 여기에서 중요한 것은 석가모니불을 비롯한 모든 부처님이 아뇩다라삼먁삼보리를 얻어 '부처님'이 되었다고 해서 그것이 부처님에 의해서 창조되었다거나 혹은 누군가로부터 부여받았다는 의미가 아니라는 것이다. 그렇다면 아뇩다라삼먁삼보리란 무엇인가? 아녹다라삼먁삼보리는 산스크리트 어 'Anuttara-samyaksaṃbodhi'의 음사로서 무상정등정각(無上正等正覺) 혹은 무상정변지(無上正遍智) 라 번역한다. 바로 가장 높고 바르며 원만한 깨달음이라는 뜻이다. 따라서 아녹다라삼먁삼보리는 부처님이 세상에 오시든 오시지 않든 상관없이 영원히 존재하는 진리이다.

이처럼 아녹다라삼먁삼보리가 불멸의 진리이기 때문에 부처님의 한량없는 자비와 큰 위신력과 대지혜가 필경 여기에서 연유한다. 이 것을 얻었을 때 지금까지 망념에 의하여 가리어져 있던 진리의 실상 이 드러나서 범부가 그대로 부처가 되는 것이다. 그러나 아녹다라삼 먁삼보리의 증득은 의론으로 되는 것이 아니다. 경에서는 '반야바라 밀다에 의지하여' 라고 설하고 있는데, 이는 말이나 관념으로 되는 것 이 아니다. 그것은 단지 아녹다라삼먁삼보리에 도달하는 과정과 방 법과 반야바라밀의 내용과 세계를 우리의 생각 나름대로 이해한 것에 불과한 것이다. 이것은 오직 스스로 반야바라밀 자체가 됨에 의해서 가능한 것이다.

그렇다면 어떻게 반야바라밀 자체를 의론이나 관념 이전의 소식으 로 파악하여 아녹다라삼먁삼보리를 얻을 것인가? 그 한 예를 살펴보 자. 《전등록》에는 당나라 때의 유명한 선승인 마조(馬祖)와 그의 제자 방거사(龐居士) 사이에 있었던 다음과 같은 법담을 전하고 있다.

방거사가 물었다.
"만법(萬法)과 짝하지 않는 자가 누구입니까?"

만법은 무상하여 변천을 반복한다. 이는 이러한 만법과 관계없는 도리를 어떤 이론이나 존재자로서 묻고 있는 것이 아니라 그러한 진리 주체자, 즉 구체적 실권자를 묻고 있는 것이다.

이에 마조가 대답했다.

"네가 서강의 물을 한 입에 다 마시고 나면〔一口吸盡西江水〕 일러주지."

방거사는 이 말을 듣고 크게 깨달아 이렇게 게송을 읊었다.

"시방에서 다 함께 모여서 모두가 무위(無爲)를 배우니 이곳은 불(佛)을 고르는 과거장이라. 마음이 공(空)하니 장원이더라."

어떻게 서강의 물을 한 입에 다 마실 것인가? 거기에는 서강의 물도 마시는 입도 따로 없다. 따라서 무명도 없고 제거할 번뇌도 없으며, 닦을 반야바라밀도 없고 다시 얻을 아뇩다라삼먁삼보리도 없다. 오직 일체 불보살과 중생과 산하대지가 동일 생명으로 해탈의 태평가를 부르고 있을 뿐이다.

5

총결분(總結分)

(1) 총결분의 의미

故知 般若波羅蜜多 是大神呪 是大明呪 是無上呪 是無等等
呪 能除 一切苦 眞實不虛 故說 般若波羅蜜多呪 卽說呪曰
揭諦揭諦 波羅揭諦 波羅僧揭諦 菩提 娑婆訶

그러므로 알라. 반야바라밀다는 이것이 큰 신비로운 주며,
큰 밝은 주며, 위없는 주며, 견줄 바 없는 주이니, 능히 일체
고를 없애고 진실하여 헛되지 않는 것이다. 그러므로 반야바
라밀다주를 설하노니, 주에 이르되

아제아제 바라아제 바라승아제 모제 사바하

(2) 주(呪)로서의 반야바라밀

◉

故知 般若波羅蜜多 是大神呪 是大明呪 是無上呪 是無等
等呪 能除 一切苦 眞實不虛

그러므로 알라. 반야바라밀다는 이것이 큰 신비로운 주며,
큰 밝은 주며, 위없는 주며, 견줄 바 없는 주이니, 능히 일체
고를 없애고 진실하여 헛되지 않는 것이다.

【 주의 의미 】

지금까지 공능분을 통하여 반야바라밀이 우리들에게 주는 한량없
는 이익을 살펴보았다. 그 결과 우리들은 반야바라밀이 무장애·일
체 성취의 공덕장(功德藏)이고, 그에 따라 우리들의 삶을 풍요롭고 올
바르게 이끌며 마침내는 최고로 청량하고 안온한 경지인 열반을 얻게
함을 알게 되었다. 이제 경은 반야바라밀을 일체 공덕을 이끌어 내는
주(呪)로 간주하여 그 공능을 총괄적으로 결론짓고 있다. 이것이 총
결분(總結分)이다.

먼저 경은 '반야바라밀이 큰 신비로운 주고 큰 밝은 주며, 위없는
주고 견줄 바 없는 주' 라고 강조하고 있다. 이는 모든 부처님의 어머
니이고 온갖 법의 존귀한 인도자인 반야바라밀이 주라는 새로운 이름
을 부여받은 것이다.

그렇다면 주(呪)란 무엇인가?

주란 본래 중국에서는 비밀어(秘密語)를 의미하는 말이었다. 그러나 그 용례(用例)가 산스크리트 어 '다라니(dhāraṇī, 陀羅尼)'에 닮아 있는 까닭에 다라니의 역어(譯語)로써 사용되고, 따라서 다라니와 같은 의미로 취급되어 왔다. 그러나 불교사상의 발전과 거기에 따른 산스크리트 본(本) 경전의 한역(漢譯)이 진행됨에 따라 주는 여러 가지 의미를 가지게 되었다.

이러한 현상은 동일계통인 반야경전에서도 예외는 아니어서, 《반야심경》에서 한역된 주(呪)와 《대품반야경》에서 한역된 주의 산스크리트 어는 서로 바른 의미를 내포하고 있다. 가령 《반야심경》에 있는 '큰 밝은 주(大明呪)'의 산스크리트 어는 'mahā-vidyāmantra'인데 비해 《대품반야경》〈대명품〉 제32에서 설시하고 있는 '큰 밝은 주(大明呪)'는 산스크리트 본인 《이만오천송반야경》에서는 'mahā-vidyā'라 하고 있다. 다시 말하면 산스크리트 어 '비드야'와 '만트라', 그리고 '다라니'가 함께 주(呪)라고 한역되어 있어서 주를 비드야로 간주할 경우와 만트라로 간주할 경우, 그리고 다라니로 간주할 경우에 주의 해석에 차이가 나는 것이다.

그러면 먼저 '다라니'에 관하여 살펴보자. 비단 반야경전에서 뿐만 아니라 모든 대승경전에서는 다라니가 중요시되어 보살이 갖추어야 할 중요한 덕목의 하나로서 이것이 설해져 있는데, 《대지도론》 권 제5에서는 다라니에 두 가지 뜻이 있다고 설명하고 있다. 첫째는 능지(能持)인데, 이는 가지가지 훌륭한 법(善法)을 거두고 능히 가져서 버리지 않고 잃지 않는다는 의미이다. 둘째는 능차(能遮)이다. 이는

착하지 않은 마음이 생기는 것을 차단하여 일어나지 않게 한다는 뜻으로 만약 죄악을 짓고자 하는 마음이 일어날 때는 이것을 가져서 짓지 않게 하는 것이다.

그러나 《유가사지론(瑜伽師地論)》 권45에는 "다라니에 모두 네 종류가 있다."고 하여 법(法)다라니·의(義)다라니·주(呪)다라니·능득보살인(能得菩薩忍)다라니를 말하고 있다.

이 가운데 첫 번째의 법(法)다라니란 수없이 많은 경전을 한량없는 세월 동안 가져서 결코 잊어버리지 않는 다라니다. 즉 불법에는 명구문(名句文)으로 모아져 수록된 한량없이 많은 경전이 있는데, 염혜력(念慧力)을 획득해서 그 힘에 의하면 이것을 기억하여 잊어버리지 않는 것이 법다라니다.

두 번째의 의(義)다라니란 법다라니와 비슷하지만 다른 것은 마음으로 아직 익히지도 않았고 불법을 통달해서 얻게 되는 이익으로는 아직 되어 있지 않는 그러한 법의 무량한 의미를 한량없는 세월 동안 잊어버리지 않게 되는 다라니다.

세 번째의 주(呪)다라니란 보살이 삼매자재(三昧自在)를 획득해서 이 자재에 의해 주문(呪文)을 얻어 가피를 입히면, 그 주문이 중생의 재환(災患)을 없애는 최고로 신령스러운 영험을 나타내어 모든 재난을 없앤다는 다라니다.

네 번째의 능득보살인(能得菩薩忍)다라니란 보살은 스스로 견고한 인행(因行)을 성취해서 지혜를 구족하고 조용하고 한적한 곳에서 명상에 전념하며, 부처님께서 설한 보살의 인(忍)을 얻기 위한 주문의 의미를 자세히 사유하며 예측하고 관찰하는 다라니다. 즉 보살은 주문에는 어떠한 의미도 성취되어 있지 않으며, 이 무의미성이야말로 이러한 것의 의미라는 것을 통달한다. 그들은 그러한 주문의 의미를 바르게 통달해서 그 의미에 따라서 다른 모든 것의 의미도 스스로 바르게 통달한다. 그리고 모든 것의 본의(本義)는 어떠한 말에 의해서 성취되는 것이 아니고 이러한 언설(言說)로 할 수 없는 본성이야말로 이러한 것의 본의임을 바르게 통달해서, 그 이상의 의미를 구하지 않고 이 의미를 통달한 것에 의해서 광대한 환희를 얻는다. 이것이 능득보살인다라니인데, 이것은 자기의 깨달음에 도움이 되는 다라니라고 할 수 있다.

다음으로 '만트라'란 무엇인가?

만트라는 진언(眞言)이라고 번역한다. 위에서 설명한 것처럼 다라니에는 여러 종류가 있는데, 이들 다라니는 후기에 이르러 만트라, 즉 진언과 결부되어 복잡한 양상을 가지게 되었다. 그 대표적인 예가 《유가사지론》에 나타나 있는 네 종류의 다라니 가운데 세 번째의 주다라니라고 할 수 있다. 즉 주다라니는 재난을 없애고 복(福)을 부르는 것을 목적으로 하고 있기 때문에 진언과 같은 다라니라고 할 수 있다. 다시 말하면 만트라(眞言)란 주다라니(呪陀羅尼)와 동일시되는 것으로 나쁜 귀신이나 나찰(羅刹) 혹은 재해(災害)로부터 몸을 지킨다는 보호주(保護呪, 守護呪)의 의미를 가지고 있다.

마지막으로 '비드야'란 무엇인가?

비드야란 본래 '학문(學問)'이라는 의미를 가지고 있는 말인데, 이것을 '명(明)'이라 한역하고 있다. 아마도 학문이 명, 즉 진실한 지혜와 일맥상통하고 있기 때문이 아닐까 여겨진다. 그런데도 《대품반야경》에서는 명주(明呪), 즉 비드야(vidyā)가 분명하게 재앙을 물리치고 복을 불러들이는 주문의 의미로 표현되고 있다. 다시 말하면 명주가 《유가사지론》에서 말하는 주다라니의 의미로 사용되고 있다.

무슨 까닭에 명과 주다라니가 동일시되는가? 그것은 지혜에 불가사의한 힘이 있기 때문이다. 일체 고액을 없애는 신비한 힘이 있기 때문이다. 이것을 반야의지혜라 한다. 반야의 지혜를 가짐으로써 악마의 힘을 막고 재앙을 피하는 힘을 갖게 되는 것이다.

[반야바라밀주의 네 가지 특성]

불교 특히 밀교에는 많은 다라니와 진언이 있다. 이 진언과 다라니를 통칭 주문이라 부른다. 그리고 우리 주변에는 이 수많은 주문 가운데 어느 것이 가장 수승한가를 묻는 불자들이 예상 외로 많이 있다. 물론 주문에는 상황에 따른 여러 종류가 있기 때문에 거기에 한 마디로 대답하기란 가능한 것이 아니다. 그러나 반야행자에게는 《대품반야경》〈대명품〉 제32에 설해져 있는 다음의 경문을 그 대답으로 할 수도 있지 않나 여겨진다.

선남자 · 선여인이 이 깊은 반야바라밀을 듣고서 받아 지니며, 가까이 하여 독송하고, 바르게 사유하여 일체지의 마음을 여의지 않으면 독약 냄새를 맡게 해도, 혹은 사악한 요술을 사용해도, 혹은 불구덩이에 떨어뜨려도, 혹은 깊은 물속에 빠뜨려도, 혹은 칼로 죽이려고 해도, 혹은 독약을 먹여도 이와 같은 온갖 나쁜 것들이 다치게 할 수 없다. 왜냐하면 이 반야바라밀은 큰 밝은 주문〔大明呪〕이며, 위없이 밝은 주문〔無上明呪〕이기 때문이다.

위에서 이미 살펴본 것처럼, 주(呪)는 온갖 나쁜 귀신이나 혹은 재앙으로부터 몸을 비켜주고 복을 불러들이는 음성적 파동형태이다. 그것이 비록 목소리이긴 하지만, 진리의 파동이 표현되는 목소리다. 반야경에서는 이 진리가 파동쳐서 재앙을 없애는 주문 가운데 가장 수승한 주문을 '반야바라밀'이라는 다섯 자라고 설하고 있다.

반야바라밀이 어떻게 주문 가운데 가장 수승한 주문인가? 《반야심경》에서는 이에 대하여 "그러므로 알라. 반야바라밀다는 이것이 큰 신비로운 주며, 큰 밝은 주며, 견줄 바 없는 주이니, 능히 일체 고를 없애고 진실하여 헛되지 않는 것이다."라고 답하고 있다. 즉 먼저 반야바라밀이라는 주문이 다른 주문에 비하여 수승한 이유를 네 가지로 열거하고 있다.

첫 번째는 반야바라밀이 큰 신비로운 주〔大神呪〕이기 때문이다. 산스크리트 어로는 '마하만트라(mahā-mantra)'로서 큰 전언이라는 말이다. 마하란 '마하반야바라밀다심경' 할 때의 그 마하로 여기서는 대(大)로 번역하고 있지만, 이 대는 '크다' '작다' 하는 상대의 대가 아니다. 대소(大小)가 없는, 상대가 아닌 절대의 대를 의미한다. 따라서 반야바라밀을 큰 신비로운 주라 함은 반야바라밀이 다른 주를 훨씬 능가하는 위대한 불가사의한 함량을 가지고 있음을 밝히는 것이다.

두 번째는 반야바라밀이 큰 밝은 주〔大明呪〕이기 때문이다. 이것은 위대한 지혜의 진언이라는 말이다. 위대한 지혜에는 대립이 없고 막힘이 없다. 무한 허공을 태양이 찬연히 그 광명을 비추듯이 막힘 없이 거침없이 일체를 성취한다. 따라서 반야바라밀을 큰 밝은 주라 함은 다른 주에서 볼 수 없는 진리의 전량적 표출임을 밝히는 것이다.

세 번째는 반야바라밀이 위없는 주〔無上呪〕이기 때문이다. 이는 더이상 위가 없는 최고의 진언이라는 말이다. 그렇다고 위가 없다는 것이 아래〔下〕가 있음을 상정하여 한 말은 아니다. 단지 하나가 있을 뿐이며 둘이 있을 수 없다는 말이다. 따라서 반야바라밀을 위없는 주라 함은 어떠한 주도 반야바라밀주를 능가할 수 없음을 보이고 있는 것이다.

마지막으로 네 번째는 반야바라밀이 견줄 바 없는 주〔無等等呪〕이기 때문이다. 이는 다른 어떤 주와도 비교할 수 없이 수승한 진언이라는 말이다. 만약 이 반야바라밀주와 비교되는 다른 또 하나의 주가 있다고 하면, 이는 이미 비교되는 주에 적든지 크든지 하게 되어 유일무이(唯一無二)한 절대적인 것이 되지 못한다. 즉 진언으로서 반야바라밀이 이와 같은 절대적 위력을 가지고 있다는 것이다.

다음으로 반야바라밀주가 이와 같이 수승하기 때문에 이 반야의 지혜를 마음에 지니고, 바라밀로서 실천하고 다라니로서 수지하면 일체의 고통이 없어진다는 것이다. 경에서는 이를 "능히 일체 고를 없앤다."고 설하고 있다. 반야바라밀에는 일체의 고통이나 재난이 범접할 수 없다. 그것은 서로 양립할 수 없는 것이기 때문이다. 마치 어둠과 태양이 같이 존재하지 못하듯이 반야바라밀에는 고액이라는 어둠이 침입할 여지가 없는 것이다. 광명이 가는 곳에 일체 암흑의 자취가 없어지듯이 반야바라밀이 있는 곳에 성취와 자재가 있을 뿐이다.

끝으로 이 모든 반야바라밀의 공능을 관자재보살은 "진실하여 헛되지 않다."라는 한 마디를 강조하여 지금까지의 말씀에 대한 혹 있을지도 모르는 의심을 완전히 불식시킨다. 반야바라밀이야말로 진실그 자체여서 허망하지 않다. 그리고 반야바라밀에 일체의 공덕이 충만함은 반야바라밀이 진실 자체이기 때문이다. 이 반야바라밀의 허망하지 않은 진실성에 눈뜰 때 우리 앞에 광명천지가 새롭게 열리는 것이다.

(3) 피안에 간 이여, 행복하여라

◉

故說般若波羅密多呪 卽說呪曰
揭諦揭諦 波羅揭諦 波羅僧揭諦 菩提 娑婆訶
그러므로 반야바라밀다주를 설하노니, 주에 이르되
아제아제 바라아제 바라승아제 모제 사바하

《반야심경》에서 말하는 주는 두말할 것도 없이 '반야바라밀'이다. 혹은 경 전체가 주로서의 역할을 한다. 그래서 이 경을 수지 · 독송함으로써 무한의 공덕을 얻는다고 한다. 그런데 본 경에서는 지금까지 설한 반야바라밀의 온갖 공덕장을 따로 진언을 세워 총괄적으로 설하고 있다. 그 진언이 "아제아제 바라아제 바라승아제 모제 사바하"이다.

주, 즉 진언은 원래 번역하지 않고 산스크리트 어 원음대로 소리 내는 것이 원칙이다. 여기에는 두 가지 뜻이 있다. 첫째는 진언에 담겨 있는 의미가 오묘하고 깊어서 생각이나 이론이 닿을 수 없는 것이기 때문이다. 다시 말하면 번역에 의해서 진언이 담고 있는 본래의 뜻을 상실할 우려가 있기 때문에 번역하지 않는 것이다. 둘째는 진언이 음성 그 자체에 깊은 뜻을 담고 있기 때문이다. 즉 보살이 삼매자재를 얻어서 그 힘으로 특정한 소리에 가피를 입힌 것이 진언이기 때문에 그 소리를 떠난 진언은 있을 수 없는 것이다.

그러나 위에서 말한 것처럼, 본 경의 말미를 장식하는 '아제 아제……'라는 진언은 진언 그 자체로써 송주(誦呪)되는 것이라기보다 오히려 《반야심경》 전체의 의미를 총괄적으로 결론짓고 있다고 할 수 있다. 따라서 원어의 의미를 살펴보는 것도 본 경을 수지 · 독송하는데 보탬이 되지 않을까 여겨져서 이것을 번역해 본다.

주의 산스크리트 어는 "Gate gate pāragate pārasaṃgate bodhi svāhā"이다. 여기서 나오는 네 개의 'gate'는 'gata'의 변용(變用)으로 이것을 부르는 말(呼格)로 본다면 '가신 이여'가 된다. 다음 'pāra'는 '저 언덕', 즉 '피안(彼岸)'을 말하고 'saṃ'은 '완전히'의 뜻이다. 'bodhi'는 '깨달음'이고, 'svāhā'는 '영원하라, 행복하라'는 의미로 소원이나 성취를 빌면서 주문의 마지막에 놓는 비밀스런 말이다.

이제 이러한 의미를 묶어서 부르는 말의 입장에서 주의 어구 전체를 번역해 보면, "가신 이여, 가신 이여, 피안에 가신 이여, 피안에 완전히 가신 이여, 깨달은 이여, 행복하여라."가 된다. 가신 이, 그는 어디에 간 사람인가? 바로 반야바라밀에 이른 사람이다. 반야바라밀과 피안은 그 이름이 다를 뿐 둘이 아닌 것이다.

(4) 광본 반야심경의 유통분

오늘날 우리 나라뿐만 아니라 중국이나 일본에서도 가장 널리 지송되고 있는 현장 스님이 번역한 약본(略本) 《반야심경》은 이상으로 끝이 난다. 그러나 서두에서 말한 것처럼 《반야심경》에는 약본과 광본(廣本)이 있고, 광본에는 다른 여타 경전과 마찬가지로 유통분(流通分)이 있다. 따라서 이하에 반야와 이언 스님이 같이 번역한 한역본에 의하여 유통분을 소개하면서 본 강의를 마칠까 한다.

"이와 같이 사리불이여, 모든 보살마하살은 심히 깊은 반야바라밀다행을 마땅히 이와 같이 행하여야 한다."

이와 같이 설해 마치자, 그때 세존께서 광대심심삼매에서 일어나시어 관자재보살을 찬탄하셨다.

"훌륭하다, 정말 훌륭하다. 선남자여, 참으로 그러하다. 그대가 설한 바와 같이 심히 깊은 반야바라밀다행은 마땅히 이와 같이 행하여야 하니, 이와 같이 행할 때에 일체 여래가 모두 함께 따라 기뻐하시느니라."

그때에 세존께서 이 말씀을 설하여 마치시니 장로 사리불은 큰 기쁨이 넘쳤고 관자재보살도 또한 크게 환희하였으며, 그 회중에 모인 하늘·사람·아수라·건달바 등도 부처님의 말씀을 듣고 모두 크게 환희하여 믿고 받아 받들어 행하였다.

혜담 스님의 반야심경
—저 언덕을 넘어 지혜의 바다로—

초판 1쇄 발행   1997년 7월 14일
초판 9쇄 발행   2006년 7월 30일
개정판 1쇄 발행   2011년 7월 30일

지은이   혜담지상 스님
펴낸이   이규만
펴낸곳   불교시대사

교정   임동민
편집   김형조

출판등록일   1991년 3월 20일 제1-1188호
주소   (우)110-320 서울 종로구 낙원동 58-1 종로오피스텔 1020호
전화   (02)730-2500, 725-2800
팩스   (02)723-5961

ISBN 978-89-8002-126-0 93220